これからの社会的企業に求められるものは何か

カリスマからパートナーシップへ

牧里毎治
[監修]

川村暁雄/川本健太郎/柴田 学/武田 丈
[編著]

ミネルヴァ書房

　　　　　　　　は じ め に

　本書のテーマは，社会的企業の「カリスマ像からの脱却」と「パートナーシップの明確化」である。一般的に，社会起業家と呼ばれるいわゆる「カリスマ」への社会的関心が高く，彼ら（彼女ら）を中心に社会的企業が語られることが多いが，理想だけ追うような社会的企業論でいいのかという反省もある。他方，一つの組織形態として，あるいは労働経済，産業政策として社会的企業の普及と定着を進めている国もあり，学術的研究として取り組む必要があるという願望もあった。そのため，カリスマ像から脱却できるほどに明快に社会的企業のあるべき姿や目指すべき目標，社会的企業を捉えるための実態分析の方向性を示そうとしたのが本書である。

　一般的にアメリカ合衆国では社会起業家としての個人の活動や事業として語られることが多いが，英国，EU 諸国では社会的企業としての組織の活動や事業として論議される傾向がある。ここでは，個人もしくは団体，組織が社会問題の解決に市民として取り組む社会的イノベーションとしてゆるく捉えておきたい。社会的企業における個人と組織の関係はどのように認識しておくべきなのか，個人であれ組織であれ，社会的企業はどのような理想社会の実現を目指して活躍しようとしているのか。言い方を変えれば，社会的企業は個人もしくは組織が地域社会とどう関わり，地域社会をどうしようとしているのかという問いかけでもある。

　社会的企業におけるマルチステークホルダーの相互の関係，とりわけ公共的責任を担う政府との関係は，国家および自治体政府との関係，いわゆる公民パートナーシップのあり方によって千差万別であるのは周知のとおりである。確信的な回答が得られる約束はできないが，あるべき社会的企業とはど

のような望ましい制度環境の下で可能となるのか，社会的企業は地域社会をどのように変革し，または持続可能なようにどう再生させることができるのか。この難題は，読者のみなさんと一緒に考えてみたいと思う。

2015年2月

牧里毎治

これからの社会的企業に求められるものは何か
　　——カリスマからパートナーシップへ——

　　　目　　次

はじめに

第Ⅰ部　理　論　編

第1章　社会的企業の意義と可能性……………………川村暁雄　2

1　社会的企業の意義…………………………………………………2
　（1）社会起業家から社会的企業へ　2
　（2）社会的企業とは　3

2　社会的企業が社会的課題解決において
　　どのような役割を果たすのか……………………………………5
　（1）そもそも社会的課題はなぜ生まれるのか　5
　（2）社会的企業の役割——三つの事業類型から考える　8
　（3）なぜ収益事業が重要か——その光と影　14
　（4）社会的企業は収益をどのように生み出すのか　17

3　社会的企業の可能性………………………………………………20

第2章　公共サービス政策と社会的企業………………遠藤知子　22
　　　　　——イギリスの事例から

1　政府と社会的企業の協働…………………………………………22
2　イギリスにおける第三セクター…………………………………23
3　イギリスにおける社会的企業の発展……………………………24
4　公共調達と社会的企業……………………………………………26
5　公共調達をめぐる政策動向………………………………………28
　（1）公共サービスの民間開放　29
　（2）成果払い方式　31
　（3）社会的投資　33
　（4）社会的価値法　35

6　社会的企業をめぐる公的枠組み……………………………………37

第3章　社会参加を促進する社会的企業………………川本健太郎　46
　　　――障害者の労働参加の事例から

　　　1　障害者の労働参加の場としての社会的企業の可能性……………46
　　　2　障害者の課題とは………………………………………………47
　　　　　（1）障害者の経済活動からの排除　47
　　　　　（2）福祉政策の変化と課題――排除からノーマライゼーションへ　49
　　　3　障害者に「福祉的就労の場」を生み出す社会的企業……………52
　　　――共同作業所運動の歴史から
　　　　　（1）共同作業所が生み出した「福祉的就労の場」　52
　　　　　（2）障害者総合支援法の中で　54
　　　4　障害者の経済的・社会的統合に向けて………………………59
　　　――これからの社会的企業の課題と役割

　　　　　　　　　第Ⅱ部　実　践　編

第4章　コミュニティとの関係から生まれるしごとづくり…橋川健祐　68
　　　――リフレかやの里

　　　1　リニューアルオープンしたリフレかやの里………………………68
　　　2　リフレかやの里の起業とミッション………………………………69
　　　　　（1）運動とともに歩んできた法人の歴史　69
　　　　　（2）与謝野町におけるリフレかやの里の位置づけ　70
　　　　　（3）リフレかやの里の起業と理念　71
　　　　　（4）リフレかやの里の事業内容　72
　　　　　（5）なぜこのような取り組みが求められるのか　74

3 社会的企業としての事業類型とビジネスの仕組み……………75
    （1）社会的企業としての事業類型　75
    （2）事業規模と収益構造　76
    （3）リフレかやの里で働く障害者スタッフ　77
    （4）品質へのこだわりと仕事のバランス　78
  4 なぜビジネスが可能か………………………………………………79
    （1）多元的な資金調達の仕組み　79
    （2）行政とのパートナーシップ　80
    （3）コミュニティとの関係　81
  5 コミュニティの多様な期待を背に……………………………………83

第5章　ストリートチルドレンへの職業訓練…………川村暁雄　86
　　　　――フレンズ・インターナショナル

  1 はじまりは，旅の途中でみた光景から………………………………86
  2 カンボジアのストリートチルドレン問題……………………………88
  3 フレンズ・インターナショナルの活動………………………………90
    ――プノンペンのミットサムランを中心に
    （1）ミットサムランの活動概要　90
    （2）ミットサムランのレストラン事業　92
    （3）ストリートチルドレンの家族の収入向上　94
    （4）ネットワークを通じて波及効果を目指す　96
    （5）ミットサムランの組織体制　96
  4 フレンズ・インターナショナルの役割………………………………98
  5 フレンズ・インターナショナルにとっての収益事業………………99
    （1）収益事業を行う目的　99
    （2）ビジネスがなぜ可能か　100
    （3）ビジネスであることが組織運営に与えている効果　101
  6 途上国における社会的企業の役割と課題……………………………102

第6章 ケアと住宅の共存を志向する……………白波瀬達也 107
　　　　──サポーティブハウス

1　ホームレスの減少と社会的企業………………………………… 107
2　生活困窮者をめぐる居住問題…………………………………… 108
　　（1）生活困窮者の居住支援　108
　　（2）行政によるホームレスの居住支援　110
　　（3）民間によるホームレスの居住支援　110
3　生活保護を活用したホームレスの居住支援…………………… 111
　　（1）社会的企業の実験地としてのホームレス居住支援　111
　　（2）無料低額宿泊所をめぐるさまざまな評価　112
4　あいりん地域における定住化と居住支援……………………… 113
　　（1）あいりん地域の概要　113
　　（2）あいりん地域におけるホームレス問題　114
　　（3）簡易宿泊所を活用した居住支援の構想　115
5　サポーティブハウスの取り組み………………………………… 116
　　（1）サポーティブハウスの仕組み　116
　　（2）入居経路・入居期間　118
　　（3）サポーティブハウスの入居者属性　120
　　（4）サポーティブハウスで提供される支援　123
6　サポーティブハウスが抱える課題……………………………… 124
　　（1）貧困ビジネスとの混同　124
　　（2）居室の狭さ　125
　　（3）専門性の乏しさ　126
7　社会的企業としてのサポーティブハウス……………………… 127

第7章　共感とつながりを生み出すコミュニティ基盤型事業
　　　　の展開……………………………………………柴田　学　134
　　　──住まいみまもりたい

1　「第四の消費」社会を感じることはできているか…………………134
2　住まいみまもりたいの活動概要………………………………………135
　　（1）創設の経緯と背景　135
　　（2）住まいみまもりたいの主な事業内容　137
　　（3）事業を通して取り組んでいるミッションと地域課題　139
　　（4）住まいみまもりたいの組織体制　139
3　コミュニティ基盤型事業としての意義………………………………140
　　（1）地域課題解決のためにビジネスの手法を
　　　　どのように活かしているのか　140
　　（2）ビジネスがなぜ可能なのか──可能にする外部環境　143
　　（3）ビジネスであることが組織運営に与えている効果　146
4　実験的事業の安定的操業と暖簾わけ（NPOのフランチャイズ化）……147
　　──どんな課題に直面しているのか
5　共感資源の重要性と消費行動から生まれる"つながり"……………149
　　──事例から学べる教訓とは何か
　　（1）共感資源の重要性　149
　　（2）消費行動から生まれる"つながり"　150

第8章　コミュニティ活性化と多文化理解の促進………木下麗子　155
　　　──コリアNGOセンター

1　在日コリアンの集住地域からの発信…………………………………155
2　コリアタウンの歴史……………………………………………………156
　　（1）猪飼野の商店街　156
　　（2）コリアタウンの再生　157

　　　　（3）時代の後押し　158
　3　コリアNGOセンターの概要……………………………………………159
　　　　（1）設立の背景　159
　　　　（2）ミッション　160
　　　　（3）組織体制とビジネスの収支　161
　4　フィールドワーク事業………………………………………………163
　　　　（1）フィールドワークの概要と参加者　163
　　　　（2）フィールドワークにおける学習の観点　164
　　　　（3）体験学習　166
　5　その他の事業…………………………………………………………168
　　　　（1）地域イベントへの参加　168
　　　　（2）東京事務所の役割　168
　6　社会的企業である意味………………………………………………169
　　　　（1）フィールドワーク事業による二つのソーシャル・インパクト　169
　　　　（2）多文化理解の促進に向けて　171

第9章　フェアトレードによるコミュニティ・エンパワメント
　　　　　　──アピクリ
　　　　　　　　　　　………………………………武田　丈・武津美菜子　176

　1　アピクリとは……………………………………………………………176
　2　アピクリの起源とミッション…………………………………………176
　　　　（1）創設の経緯　177
　　　　（2）取り組んでいる社会的課題　177
　　　　（3）組織のヴィジョンとミッション　179
　　　　（4）組織形態　179
　　　　（5）支援内容　180
　　　　（6）具体的なビジネスの仕組み　182

3　アピクリの存在意義……………………………………………185
　　　　（1）インドネシア経済と工芸品産業の発展　185
　　　　（2）政府による工芸品産業支援　187
　　　　（3）協同組合の必要性　187
　　4　ソーシャル・インパクト………………………………………189
　　　　（1）チャンプルン・アジ　189
　　　　（2）サヤクティ・クラフト　192
　　　　（3）ベルカ・レスタリ　194
　　　　（4）事例にみるアピクリのソーシャル・インパクト　196
　　5　フェアトレードによるコミュニティ・エンパワメントの
　　　　可能性と限界……………………………………………………198

おわりに
索　引

コラム
　　1　社会的企業の収益事業と本来の問題解決の責任主体………………44
　　2　障害者の雇用創出と労働統合型社会的企業…………………………64
　　　　――アドバンス西宮
　　3　若者支援と労働統合型社会的企業……………………………………105
　　　　――K2インターナショナルグループ
　　4　貧困ビジネスと社会的企業の見分け方………………………………132
　　　　――貧困問題に対峙するほっとプラスの相談支援現場から
　　5　社会が作る市場の歪みに挑戦する「しゃらく」……………………153
　　6　多言語・多文化ネットワークの力を活用した医療通訳事業………174
　　　　――多言語センターFACIL

第Ⅰ部　理　論　編

第1章　社会的企業の意義と可能性

川村暁雄

1　社会的企業の意義

(1) 社会起業家から社会的企業へ

　新しい柔軟な発想で社会的課題を解決する主体としての社会起業家が日本で注目されるようになってからそろそろ10年が経つ。バングラデシュでグラミン銀行を始めたムハマド・ユヌス氏が2006年にノーベル賞をとったこともあり，さまざまな個人に焦点を当てて，ビジネスで稼ぎながら社会的課題を解決していくという「生き方」を取り上げる本も数多く出版された。

　なぜ，「社会起業家」への関心が高まったのだろうか？　理由としては，いくつか考えられるだろう。第1は，硬直的な行政への不信感の裏返しとして，柔軟に新しい解決策を生み出す革新者＝社会起業家の活躍が期待されたことである。第2は，「財政難の政府に期待はできない」，もしくは「小さな政府を維持するためには，政府にあまり期待してはならない」という考えから生まれた「ビジネス」で独立採算を維持しつつ社会的課題を解決する存在への期待である。第3には，「新しいクールな生き方」を示す者として，世の中をよくしながら生計を立てていこうとする若者への関心・期待があるだろう。

　これらの理由には，それぞれもっともな点はあるが，誤解を招きかねない部分もある。柔軟で新しい解決はすばらしいが，それが特定の個人（団体）にだけできるものであれば，社会的課題全体の解決にはつながらない。財政難の政府の代わりに，市民が自分で稼ぎながら問題解決するという手法も，

どんな課題にも適用できるわけではない。社会的課題は，市場が本来持つ限界（「市場の失敗」）から生まれている場合も多く，市場の中だけで問題を解決することは困難だからだ。もともとは限られていた政府の役割が拡大し，保健医療，教育，福祉に深く関わり，所得再分配を行うようになってきたのには，それなりの理由があることを忘れてはなるまい。既存のレールに乗らない「新しいクールな生き方」を示すことは，わくわくすることではあるが，同時にその活動がどのような社会的な意味を持つのか，そのビジネスがどのような原理でなり立つのかなどを冷静に分析しないと，安易な幻想を売り込むだけになる。

　何か新たなことを起こす社会起業や社会起業家に注目することも重要だが，そろそろ社会を構成する一つの要素として「社会的企業」という組織や事業のあり方に注目し，その意義を冷静に検討する必要がある。こうした社会的企業が民間企業や政府，これまでの非営利組織とどのように違うのか，その事業にはどのような可能性があるのかを，本書では事例を踏まえながら考えていきたい。本章では，そのための基本的な視点を少し整理しておこう。

(2) 社会的企業とは

　まず簡単に言葉の使い方の整理をしておこう。そもそも，社会起業家（ソーシャル・アントレプレナー）や社会的企業（ソーシャル・エンタープライズ），ソーシャル・ビジネスは何を指すのだろうか？　こうした新しい言葉については，さまざまな議論があり共通の定義があるわけではない。「社会起業」，もしくは「社会起業家」という言葉は，どちらかといえば「何か新しいことを起こす」ことに関心を寄せた呼び方であり，社会的企業は，組織形態に焦点を当てた言葉使いである。アメリカでは，どちらかといえば前者への関心が高く，社会的課題の解決方法に革新を生み出すアイデアやそれを実現する人びとに焦点が当てられがちである。ヨーロッパではどちらかといえば後者の呼び方を用いながら，社会の隅に追いやられた人びとの社会統合を試みた

り，政府とパートナーシップを組みながら公共サービスを革新的な方法で実施する組織（非営利組織，協同組合，利益配分に制限がある会社組織）などに焦点を当てた研究の蓄積があり，政府の政策にも反映されている[1]。なお，「社会起業」という言葉は，新しい政策や手法を生み出していくこと自体も意味する場合があり，行政の中での「社会起業」なども含めることがある[2]。他方「社会的企業」という言葉を使う論者は，社会的な課題にも関心を払う営利企業も含める場合がある[3]。ソーシャル・ビジネスの場合は，組織ではなく事業に焦点を当てることになる。この場合，組織形態にこだわらずさまざまな主体による社会性のある事業を扱うことができる。

　本書では，主として社会的企業という言葉を用い，ヨーロッパの用法を念頭に置きつつ「社会的課題の解決を目的とし，収益事業を社会的課題の解決のために活用し，利益配分に制限がある独立の組織」が行っている事業に焦点を当てる。「社会的課題の解決を目的」としている組織に絞るので，主たる対象は，NPO法人，協同組合，あるいはこうした団体が所有している株式会社など，個々の事業から利益がでたとしても個人の財産にはならない非営利団体となる。すなわち，社会的責任（CSR）活動として社会的課題に取り組んでいる通常の営利目的の企業は含めない。その理由は，①企業の社会貢献がしばしば商品のシェア拡大・維持のための「大義に基づく（コーズベースト）マーケティング」として行われていること，②過酷な市場の競争の中で企業活動を継続することを優先せざるを得ないため，社会貢献活動が持続可能とは限らないこと，③私有財産でもある企業は，社会的・公共的な資源を動員することが困難であること（通常，誰も企業活動のための寄付やボランティア活動はしない），の3点である。

　さらに，「収益事業」を社会的課題解決のために用いている団体に絞るのは，「社会的企業」という概念の新しさが「収益事業」を目的達成の中に組み込むことで独自の成果の達成や，事業の持続性の向上につなげているところにあると考えるからである。このため，非営利団体が活動資金獲得のため

に，キャラクターグッズを販売するような事業は含まない。

　本書は，このような社会的企業の意義と可能性をさまざまな事例を取り上げながら考えていく。本章では，まず社会的企業がなぜ必要なのかについて，社会的課題が生まれる原因と解決の仕組みの関連で考える。この際に「公共サービス参加型事業」「コミュニティ基盤型事業」「問題対応型事業」の三つの類型を用いて整理する。次に，こうした事業の中で「収益事業」が持つ意義と課題について検討する。最後に，社会的課題の解決と収益性を可能とするために必要な市場外の資源がどのように生み出されているのかについて整理し，社会的企業が持続可能性と社会的な役割を果たすために必要な条件を考えていく。

2　社会的企業が社会的課題解決においてどのような役割を果たすのか

(1) そもそも社会的課題はなぜ生まれるのか

　社会的企業の存在意義やマネジメント方法は，どのような性質の「社会的課題」に取り組むかによって当然変わってくる。では，そもそも社会的課題とは何なのだろうか。まず，社会的課題について，それが生まれる原因と解決の仕組みとの関連で考えてみよう。

　社会的課題はなぜ生まれるのだろうか。現代の社会には，人びとのニーズを満たし，その生活を支えるさまざまな仕組みがある。それがうまく機能していれば，社会的課題など生まれないはずである。こうした仕組みには，どのような問題があるのだろう。

　まず，人びとのニーズを満たすための最も基本となるシステムである市場メカニズムから考えてみる。私たちの生活上のニーズの多くは，私たちが自ら稼いだお金でサービスや製品を買うことで満たされる。これを可能とするのが物，サービスの売り買いや，それを生産するためのお金・人などを集め

るための市場ということになる。市場の中心には，営利企業がある。企業は，収益をあげるためにコスト圧縮を試み，再投資の余裕を生み出し，組織の整備・商品開発・品質向上・マーケティングを極め，他社との差異化を行っていく。これに成功し競争に勝つことで，優れた事業が拡がり，多様なニーズの充足がより効率的な方法で進んでいく。これが，市場メカニズムの優れたところである。逆にいえば，通常の営利企業がまじめに仕事をするだけで，人のニーズを充足するという重要な仕事をしているということになる。

しかし市場メカニズムには，原理的な問題もある。「市場の失敗」といわれているものがそれで，物やサービスによっては市場ではうまく提供できないことがある。「消防」「治水」など地域社会全体のために必要なサービスはその一つだ。例えば「消防」というサービスを市場メカニズムで提供すればどうなるだろうか。火事が起きたときに，事前に契約している家だけに消防車が来るということになるのだが，実際には自分の家を火事から守るためには，隣の家が燃えたときにも火を消さなくてはならない。隣の家からみれば，自分は契約しなくても隣人の契約で消防をしてもらえるかもしれない。これを期待して「フリーライダー（ただのりをする人）」が生まれる。他にも物の生産の過程で，お金に換算されにくい資源を使ったり，他人に被害をもたらしたりする「外部不経済」という問題もある。工場の騒音対策にお金を使わず，コストを削減し利益をあげた結果，近所の人が不眠になって苦しむ場合などが当たる。労働者を低賃金で酷使し，コストを削減するという手法も広い意味での外部不経済に当たるだろう。

また，市場メカニズムは，すべての人のニーズを充足するわけではない。あくまで，お金のある人のニーズに応えるだけなので，貧しい人の命に関わるニーズが後回しになる。生命に関わる物やサービスの提供を市場だけに任せると，貧しい人はお金がないため命を失うことになりかねない。つまり，市場では格差問題も自動的には解決できないのである。企業がロボットを用いて物の生産を効率化すれば，その企業の利益はあがっても，給料をもらう

人の数が減り，社会の格差拡大につながりかねない。

なお，原理的には市場メカニズムで解決してもよいことが，実際には解決できていないこともある。障害者の特性(4)をうまく活用することにより，企業の中でうまく戦力として使えるような場合でも，ノウハウがなかったり，偏見があったりなどで働く機会がない場合などがそれに当たるだろう。市場は合理性だけで動いているわけではない。

ニーズの充足を行うのは，市場だけではない。むしろ，家族や地域社会により提供されてきたものもある。子どもの養育や高齢者の養護は，伝統的には地域社会と家族の中で実現されてきた。しかし，家族や地域社会の変化の中で，それだけではできない場合も増えてきた。核家族化が進む中で，児童虐待が大きな課題になってきたり，高齢化が進む中でさまざまな日常的な暮らしにくさが生まれてきたりなど，その現れ方はさまざまである。また，人権意識が高まる中で，新たな課題として認識されてきたこともある。かつて障害者は，家の中の部屋に閉じ込められて暮らすということも珍しくなかったが，今では，どんな人間でも社会の中に参加しながら暮らすことを選ぶことが認められるべきだという考えも広がってきた。

市場の限界や，家族や地域社会の変化に伴う課題の多くも，単に放置されてきたわけではもちろんない。こうした課題は「社会的課題」と見なされることで，政治や行政により解決が図られてきた。フリーライダー問題については，政府が公共サービスの提供（消防，警察，道路建設）することで対処，外部不経済の問題については環境規制や労働法による監督などが行われてきた。所得格差の問題については，税金を集めて所得再分配をする仕組みが作られた。さまざまな社会福祉のための制度，保健医療制度も市場の問題や家族の限界に応えるために工夫されてきたものである。しかし，すべてがそれで解決できているわけではない。まだ「社会的課題」として十分認知されておらず，政府・自治体などの取り組みが始まっていない課題がある。さらに，社会的課題として考えられてはいるが，旧来のように政府・自治体などだけ

ではうまく解決できていない問題などがある。就労支援や，特定の地域の振興など，市場と政府との接合点にあるような課題などがそうだ。社会的企業は，未解決であったり，今までのやり方や主体ではうまく解決できない社会的課題の解決が期待されている組織であると考えることができる。

（2）社会的企業の役割——三つの事業類型から考える

今までの政府や自治体による社会的課題の解決に問題があるとしても，社会的企業はそれに取って代わることができる存在なのだろうか。結論を先取りするならば，この答えはおそらく「否」である。社会的な問題であるならば，本来，政府や自治体なども含めた社会全体で取り組まなくては，問題をしっかり解決することはできない。社会的企業は，市民の自発的な意思で生まれたり生まれなかったりするので，本当に重要な問題なら社会的企業だけに任せるわけにはいかない。では，社会的企業はどのような役割を果たすのだろうか。このことを考える上では，まずすでに「社会的課題」としての認識がある程度確立して，本来の責任主体が特定されている課題と，その段階になっていない問題にわけて考える必要がある。さらに，本来の責任主体が誰かでも大きな違いが出てくる。

すでに社会全体で関わるべき「社会的課題」と広く認識されて，政府が問題解決の責任主体となるべきだという合意がある問題についてはわかりやすい。この場合，政府・自治体だけで問題解決ができるならば社会的企業の出番はないが，実際にはそうでないことがある。その限りにおいて，社会的企業が求められることになる。

政府・自治体の課題としては，第1に大きな組織であるための縦割りの弊害がある。本書のさまざまな例から読み取れるように，社会的課題は複合的であり，さまざまな分野からのアプローチで解決する必要があるが，政府・自治体だけではそれができないこともある。第2に，公平性が求められるために，形式主義に陥りやすいという問題もある。新たな状況に直面したとき

に，前例やルールだけにこだわらず柔軟に解決策を考えていくということは得意ではない。第3に，収益事業が苦手である場合も多い。収益事業を成功させるためには，マーケティング，顧客中心主義，イノベーションなどの行政が得意でないスキルが必要となる。第4に，当事者の状況を十分把握していないことがある。大組織であれば，組織内での調整などに時間が割かれ，当事者の実態や心境が十分把握できない場合が生まれる。こうした政府の実施能力や当事者とのコミュニケーション能力の弱さを補い，有効で効率的な問題解決を考え，実現することが社会的企業には求められる。民間の自由な発想や，競争により生み出される効率性を持つものとしての社会的企業が期待されるわけである。政府，自治体は，こうした社会的企業がうまく活動できるための制度をつくり，必要に応じて資金的な裏づけを提供しなくてはならないということになる。社会的企業は，政府の制度の中で一定の役割を担ったり，政府の個別の業務に入札して請け負うことで，政府の事業に参加し，社会課題の解決に貢献する。社会的企業が行うこの種の事業は「公共サービス参加型事業」と呼ぶことができるだろう。

　公共サービスへの参加の仕方には，大きく二つに分けることができる。第1は，公共サービスの提供者を広く市場から獲得する「公共調達」に参加するという方法である。「公共調達」への参加を行う事業では，社会的企業は公的資金を活用しながら事業を進めるが，部分的には一般消費者を対象とした収益事業も行われることもある。コラム6で扱うFACILのように政府・自治体の業務の一部を受注する場合や，第8章で扱うコリアNGOセンターのフィールドワーク事業のように，主として学校などの公共的な機関にサービスを提供する場合は公共調達に参加しているということになる。他にも，指定管理者制度を用いて公共施設の管理を行いながら，独自の事業を展開する場合もある。第2は，障害者総合支援法や介護保険法などのように，サービス提供には公共的な資金を用いつつ，受益者がサービス提供者を選択する制度的枠組みが作られている場合である。このような制度枠組みの中でサー

第Ⅰ部　理論編

ビス提供者が競争を行う場合は，「準市場」[5]が存在しているということができる。第6章で扱う釜ヶ崎のサポーティブハウスの事例も，「生活保護の住宅扶助」という形で政府が提供する資金を活用しながら生活保護受給者のための住居に付加価値を付け，生活保護受給者自身が住む場所を選ぶという形なので，「準市場」の中の事業に近い[6]。第4章で扱う「よさのうみ福祉会」による「リフレかやの里」事業は，障害者総合支援法による準市場や，行政の施設の委託・運用事業などの「公共調達」を組み合わせながら進められている。公共サービスに関わる形式が「準市場」であれ「公共調達」であれ，これらの「公共サービス参加型事業」においては，社会的企業は，当事者，地域社会とのつながりを活かし，政府等公共機関と当事者のコミュニケーションを促進すること，競争の中で効率的に目的を達成することなどがその役割となるだろう。なお，本書は主として非営利団体を扱うが，公共サービス参加型事業については，制度のあり方や業務の性格によっては営利企業もその業務の一部として取り組むということも可能である。

　だが，社会的課題の中には，特定の地域社会や当事者グループ（広い意味での「コミュニティ」）にとっては重要な課題だが，政府や自治体が中心となるべきかどうかについては議論が分かれるようなものもあるかもしれない。こうした当事者グループや地域社会のコミュニティが定義した課題については，地域社会や当事者集団の提供する資源も活用しながら，問題解決のための事業が実施される場合もあるだろう。地域おこしで新しい産業や人のつながりを生み出したり，地域の高齢者の暮らしやすさを支えるための事業が考えられるだろう。本書の事例でいえば，インドネシアでフェアトレードなどの手法を使いながら地域の産業振興に当たる「アピクリ」や，住民に支えながら大阪府大東市で高齢者の暮らしのために廉価でサービスを提供する「住まいみまもりたい」の事業がこれに当たる。このような事業は，「コミュニティ基盤型事業」と呼ぶことができるだろう。コミュニティ基盤型事業においては，コミュニティのニーズをくみ取り，コミュニティの参加を得ながら，

その価値と意思を事業で実現することが社会的企業の大きな役割になるだろう。このため，このタイプの事業を行う社会的企業では，ガバナンス（運営の手法，とりわけ当事者参加のあり方）が特に重要になる。なお，第2章で詳しく解説されているように，イギリスの場合は，当初は社会的企業の「コミュニティ基盤型事業」が注目され，次第に「公共サービス参加型事業」に関心が移っていると解釈することができる。

　まだ「社会的課題」として十分に認知されていない問題については，社会的企業は問題に直面する当事者の支援をとりあえず何らかの手段で実現していきながら，その問題の認知を求めていくということを行う必要がある。一般市民の募金を得ながら，難民申請者のための雇用の場を設立，運営するなどの事業は，これに当たるかもしれない。今後もし社会全体の課題とみなされることになれば，政府などの主体が中心的な役割を果たすことになり，公的資金を用いながら問題を解決する「公共サービス参加型事業」に変わっていくかもしれない。例えば，第5章で取り上げたフレンズ・インターナショナルは，政府・自治体とのパートナーシップのもとに最終的には政府が主体となることを目的とした事業も行っているが，これはこのような変化を想定したものとみることもできよう。また，特定のコミュニティが担うべき問題とされるようになれば，「コミュニティ基盤型事業」として位置づけられる可能性もある。市場の歪み（偏見やノウハウの欠如）の結果生まれている問題であれば，社会的企業の活動により市場が成熟したり，偏見に基づく差別を禁止する政策の進展により，通常の営利企業の活動の中で問題が解決していくという展望もある（コラム5「しゃらく」の旅倶楽部事業の例など）。このようにまだ社会的課題が十分に社会的に位置づけられていない段階の事業は「問題対応型事業」と呼んでもよいかもしれない。問題対応型事業の対象となる「社会的課題」については，問題提起を行い，社会的合意を生み出していく必要がある。もちろん，これは収益事業を行う社会的企業だけの役割ではなく，当事者運動，市民運動なども含めた市民社会組織全体の役割であり，社

会的企業の役割があるとしても、それは他の団体との関係や必要性に応じて変わってくるだろう。

　ただ、問題対応型事業に従事する組織は、社会的課題を社会全体の責任として位置づけにくい傾向も見受けられる。活動している時点では、課題を解決するための公的資金は提供されにくい。このため、寄付市場や収益事業や協力者から活動に必要な人材・資金を調達する必要がある。つまり、自らの役割や成果を強調せざるを得ない。とりわけ組織の立ち上げ期には、知名度を上げるというのが至上の課題となるため、こうした傾向が強くみられる。この結果、ある課題を「社会的課題」として位置づけ、政府や社会全体にその解決を迫る姿勢が弱くなる。これは社会的企業の可能性と課題を考える上で重要な論点の一つである。

　なお、本来の責任主体をどのように考えるかについては、絶対的な答えが自動的に見つかるわけではない。一つの目安として、基本的な人権に相当するような課題（基礎的医療、居住、教育など）は、社会全体の課題であると考えることはできる。しかし、それにしても、どの程度の資源をこうした課題の解決に投入するかについては、自動的に答えがでるわけではなく、有権者、マスメディアから直接の当事者まで、社会のさまざまなステークホルダーが議論しつつ合意を作るべき課題であろう。なお、第2章で紹介するイギリスの例では、公共サービスのあり方について市民社会組織が発言を行い、その内容を定義していくための「提案権」が構想されているが、これはこうした考えに基づくものと考えられる。

　この三つの事業の類型を表1-1にまとめたが、これらはあくまで理念型（理解しやすくするために特徴を強く打ち出して整理した類型）であって、現実にはこれらの組み合わせで事業が進められることが多い。一つの事業が複数の性格を持ち、実際にはその区別が難しいこともあるだろう。むしろ、行政ではなく民間の団体が実施することの価値は、こうした複数の性格を持つ事業を組み合わせることができるという点にある。例えば、公的資金で障害者の

表 1-1　社会的企業が行う事業の3つの理念型の特徴

類　型	本来の責任者・担い手	事業に期待されること	追加的資源(1)の調達方法	備　考
公共サービス参加型事業（準市場・公共調達）	主として政府	・効率性，有効性 ・市場での経済活動の有効利用（就労支援における収益事業など） ・コミュニティの参加・支援	主として公共的資金（税金・公的保険）	典型例：介護保険事業，指定管理者制度に基づく行政の施設の運用など。一般消費者向けの収益事業を行わない場合もある。
コミュニティ基盤型事業	主として当事者グループ・地域社会	・コミュニティの参加 ・コミュニティの価値や意思の反映 ・コミュニティのニーズの充足	主としてコミュニティが提供する資源（寄付・ボランティア・有形無形の協力）	典型例：地域の文化や伝統を維持しながら物品・サービスを販売する事業。
問題対応型事業	市場，政府，コミュニティと思われるが合意が未形成	・新たな社会的課題の定義 ・社会的課題解決の新たな手法の提案 ・社会的な問題提起	市民の寄付，共感的消費，民間財団の助成など	社会起業家が始めた事業は，まずは問題対応型として始まる。中でも市場の歪みにより必要とされる事業は，市場の成熟や規制により通常のビジネスになり得る。それ以外は，コミュニティ基盤型や公共サービス参加型事業となることで，持続可能性が担保できるだろう。

注：(1)　一般消費者向けの収益事業だけでは市場での競争性を維持できない側面を支えるための資源。
出所：筆者作成。

仕事の場を生み出しながら，その場が障害者とその家族のための居場所やよりどころとなるコミュニティ機能を持つ場合などがそうだろう。公的資金を用いる以上，一般的な社会的意義に加えて，効率性，費用対効果が求められ

る。同時にコミュニティのための場であるならば，当事者の想いが重要となる。もしこの作業所でつくられているものの販売が当事者，家族，支援者などによって担われているならば，資金的にもコミュニティに基盤を置いていることになるので，なおさらだろう。こうした関係の中にあるコミュニティのニーズの社会性をどう捉え，本来の責任主体をどのように考えるかは，社会的企業のあり方を考える上でも重要な課題となるだろう。

(3) なぜ収益事業が重要か──その光と影

　本書で扱う社会的企業は，市場・準市場の中で競争を行いながら収益事業を行い，それを問題解決に活かしている組織を指している。こうした事業を行うということは，問題解決にとってどんな役割を果たすのか。収益事業であるということに問題はないのだろうか。本項ではこの点について考えてみよう。これは，政府が資金源となっている公共サービス参加型の収益事業と，市場の中で展開されている収益事業ではかなり性格が異なる。

　まず，公共サービス参加型事業の場合，どんなサービスを行うかについては，政府が事前にある程度決定する。とりわけ政府が業務の一部を外部に発注する場合は，政府がいろいろな競争相手の中から特定の団体のサービスを選ぶ。競争は入札者の間で行われることになる。他方，公共サービスが準市場を通じて提供される場合は，一人ひとりの消費者（サービス利用者）が，どの団体が提供するサービスを用いるかを選ぶということになる。どちらにしても，サービスの提供者である社会的企業間の競争が発生する。これが，より低コストでよりよいサービスを提供する動機となる。この結果，より少ない資金でより有効な社会的効果をもたらす効率的な事業が生まれることが期待される。

　だが，この仕組みには潜在的な問題がいくつかある。第1は，落札の基準に関わるものである。そもそも社会的なサービスには効果の測定が難しいものが多い。成果測定方法を安易に決めれば，サービス提供に歪みが生じる。

例えば，就労支援事業を発注した場合，「サービス利用者のうち何人が就労できるか」だけで判断を行うならば，受けた団体は「就労が困難な人についてはなるべく受けずに，簡単に就労できそうな人を優先して引き受ける」という手法や「本人の潜在能力の発展に利するかどうかではなく，当面雇用が簡単な就労先を強く勧める」などの手法で率を上げるかもしれない。このように「楽して稼げる部分だけに集中する行為」をクリームスキミングと呼ぶが，市場のメカニズムを用いるときには，クリームスキミングの回避を意識しながら制度設計を行う必要がある[7]。公共調達や準市場設計の方法論を高めていき，より社会的なインパクトの大きい事業に資金が流れるようにしていく必要もあるだろう。本書では十分扱うことができないが，分野ごとの社会的対費用効果（Social Return on Investment）の計算方法の精度を高めることが，社会的企業が適切な収益をあげながら活動を行う制度づくりのために不可欠かもしれない。第2章で紹介されているイギリスの「公共サービス法（社会的価値法）」は，政府がモノやサービスを購入する際に，社会的価値をどのように生み出しているのかも考慮するよう求めるものだが，こうした試みも検討に値する。

　第2の準市場によるサービス提供については，情報の非対称性（サービス利用者が十分にサービス内容を理解し選択できるか）の問題がある。とりわけ，情報を得ることが得意でないタイプの障害者や高齢者が利用者の場合は問題が生まれやすい。適切なモニタリングや利用者への情報提供の仕組みが必要となるだろう。また，この場合もクリームスキミングが生じないように担保する必要性がある。

　さて，社会的企業が，市場の中で展開している収益事業は，どのような意義があるのだろうか。これは，社会的課題の性格によってさまざまに異なるだろう。特定の地域やコミュニティに関わるコミュニティ基盤型事業の場合は，そのコミュニティが必要としているものに適えばよい。例えば，特定地域における雇用創出のように，収益事業が生み出す賃金自体が目的となる場

合や，生きがいの創出のように，収益事業が生み出す関係性や目的自体が価値とみなされる場合もある。

　公共サービス参加型事業の枠組みで，市場性のある収益事業が行われる場合も多い。就労支援などのように，一般市場で活躍できる人を育成することが目的の業務の場合は，一般市場に近い環境での研修が望ましい。必要な研修や支援を公共サービスとして提供しながら，労働に従事してもらうことで，組織運営資金の獲得と高い質の研修を両立することができる。

　これらの市場で運営される収益事業についても，リスクはある。一つは，公共サービス参加型事業と同様のクリームスキミングの問題である。例えば，障害者総合支援法においては，障害が比較的重い人向けのB型の事業所の利用者には最低賃金を支払う必要がなく，A型の作業所では労働者として最低賃金を支払う必要がある。こうした場合，生産性の高い障害者をB型作業所の利用者とすることで，収益性は高まり組織運営は楽になるだろう。フェアトレードによるコーヒー販売にしても，価格が高く消費者に直接売れるアラビカ種のコーヒー産地は対象になるが，より生産量の多く，インスタントコーヒーの原料となるロブスタ種のコーヒーはフェアトレード商品になりにくい。これもクリームスキミングの一種だろう。

　もう一つの問題は，競争に伴う情報やノウハウの囲い込みである。一般市場での競争を伴うならば，潜在的な競争相手に情報は開示しない方が組織運営にとってはよいだろう。本来なら社会全体のために用いるべきノウハウの囲い込みが生じないための制度設計なども十分に考える必要がある。

　さらに，市場ベースの収益事業については，当然，消費者への販売促進を行わなくてはならない。そのために，趣旨に賛同した人に消費してもらうという「共感的消費」を実現するためには，わかりやすいメッセージを展開する必要が生まれる。この過程で，本来の問題解決の主体の責任が不明確となったり，政策的な視点を人びとから奪ってしまうという危険もある（コラム1参照）。

（4）社会的企業は収益をどのように生み出すのか

　社会的企業や社会起業家についての通俗的なイメージとして，「消費者対象の市場の中で利益をあげながら，独立採算で社会的課題の解決を行う存在」というものがある。確かに，収益事業を行うことが社会的課題の解決につながる独自の意義を持つから社会的企業が重要なのだが，こうした通俗的な理解をそのまま受け取ることはできない。前節でみたように，実際，社会的課題の多くは，市場の競争になじまないところで生まれる。第2章で扱うイギリスの例でみるように，社会的企業はむしろ公共的な資金の投入が前提となっていることも多い。

　確かに，社会的企業が取り組んでいる事業の中には，現状では市場になじまないが，社会環境の変化やノウハウの浸透によって完全に市場ベースで行うことが可能なサービスもあるだろう。ただ，これらは，むしろベンチャービジネスの事業と考えた方がよい。市場ベースだけでできることを充足するのは民間の企業の当然の営みだからだ。社会的課題は，通常の市場だけでは解決できない問題を指すため，社会的企業の事業は，公共サービスとして実施されたり，コミュニティの支えにより実施される必要がある。実際に，社会的企業とされる事業体は，何らかの形で追加的な資源を調達しており，それが市場ベースの事業も支えている。

　社会的企業の収益事業を成立させている追加的な資源は，直接的な資金と間接的な資源に分けて考える必要がある。直接的な資金としては，①政府・自治体の助成金，②受益者が支払先を決定するが資金源自体は公的資金である準市場での支払い，政府との契約による支払い（公共調達への参入），③民間助成財団や開発援助機関の助成金，④市民・住民の寄付などがある。間接的なものとしては，⑤共感的消費，⑥労力提供，⑦メディアによる報道などの社会的な支援，⑧有給職員の貢献が考えられる。

　①②の「政府・自治体の助成金」「準市場・契約による支払い」とは，政府・自治体が，事業に対する助成金などで追加的資源を提供することである。

②は，障害者総合支援法に基づいて政府・自治体が障害者雇用を行う事業体に提供する準市場を経由した資金や，個別の事業の委託による支払いがあたる。後者は，指定管理者制度や就労支援事業への応札により資金を得る場合などである。③の「民間助成財団や開発援助機関の助成金」は，助成財団や開発援助機関がそれぞれのミッションに基づき提供する助成金を指す。こうした資金は，国際協力の場で活動する団体にとってはとりわけ重要な意味を持つ。④の「市民・住民の寄付」は，市民が資金を提供することで，その団体の社会活動を支えることを指す。収益事業それ自体に寄付が行われることはあまりないかもしれないが，団体の活動全体への寄付や支援が，収益事業を可能とする場合は少なくない。

　間接的な資源とは，お金自体を提供しているわけではないが，さまざまな形で支援を行うことでその事業の経費削減や売り上げ増大につながるタイプの資源である。⑤の共感的消費とは，例えばフェアトレードの商品を，少し高くても購入するなどの消費行動を指す。これは売り上げの増大や，販促コストの削減につながる。障害者の作業所の製品を高くても購入する場合なども同じだろう。⑥労力提供とは，ボランティアやインターンなどの形で，無給（もしくは低い経費）の協力を行うことで，やはり経費削減を可能とする。コミュニティ基盤型事業で，地域住民参加の事業を行う場合などがこれにあたる。本書の例でいえば，第 8 章の「コリア NGO センター」のフィールドワーク事業は，地元住民の無償の支援により実施が可能となっている。「住まいみまもりたい」も，そのリサイクルショップへの寄贈やボランティアなどに支えられている。⑦のメディアでの報道は，一般消費者対象の市場で収益活動を行っている団体にとって特に重要だろう。その活動に何らかのニュース性を認めてもらい，テレビや活字メディアで共感的な報道をしてもらうことができれば，本来ならば，数千万円かかるような広報効果をもたらし得る。例えば，フレンズ・インターナショナルのレストラン事業は，たびたびメディアで取り上げられてきた。⑧の有給職員の貢献は，日本の NPO に

よくみられる現象だが，本来の市場価値より安い賃金で働くことにより，実質的にその団体の事業の経費を削減し，収益性を高めている場合である。

　もちろん，通常の企業においても，会社への忠誠心や他社への移動の困難さから，低い給与に甘んじることもあるが，「社会的企業」の場合は，社会貢献というミッションに関わるという「やりがい」が基本にあるところが違う。財務的な視点から見れば，有給職員が「やりがい」のために支払う対価で社会的な課題解決のコストをカバーしているということになる。このようなビジネスモデルを採用している場合，いわばその仕事の「やりがい」を有給職員等に販売することで，利益を出しているということになる。それ自体に問題があるわけではないが，こうした事業が波及性や持続可能性を持つためには，「やりがい」の確保と職員（やボランティア）のライフステージに合わせたキャリアパス（経験・能力を蓄積しながら，人生の各段階で自分にふさわしい職務につく道筋）の確保が重要となるだろう。なお，収益部門の事業内容が本来のミッションと関連がない場合は，「やりがい」の提供やキャリアパスの保証において問題が生まれやすい。

　公共サービス参加型の事業は，主として前述の①②③の公的資金から追加的資源を得る。コミュニティ基盤型や問題対応型の事業は，④⑤⑥⑦の手法を組み合わせて，追加的資源を調達している。どんな団体でも，⑧の手法が用いられることは少なくない。

　なお，社会起業家の事業としてマスコミに取り上げられる事業は，「新たな」問題に「革新的」な方法で取り組みを行っているとされるものが多い。すなわち問題対応型事業であることが大半だ。これが社会的企業のイメージをつくりがちだが，本来の問題解決の責任主体が明確となっておらず，持続可能な追加資源の調達方法が明確になっていなかったり，活動を支える追加的資源がマスコミの報道などによる知名度などから生まれた一時的なものだったりなど，不安定な要素を抱えがちである。収益性を確保している追加的資源が間接的なものであれば，一見健全な経営にみえても，持続可能性に問

題がある場合もあるだろう。このため，ていねいに検討を行う必要がある。マスコミの報道は，非常に有効だが，希少資源であるということは留意する必要がある。ある地方で始まった革新的な社会的事業が全国区で報道された場合，その団体の知名度は上がるかもしれないが，他の地方で同じ仕事を誰かが始めた場合，それはもう新しくないので，同じような意義があっても報道されるとは限らないなどの制限にもつながる。

3　社会的企業の可能性

　これまでみてきたように，公共サービス参加型事業を行う社会的企業は，より柔軟に新しい発想で政府の達成すべき業務をより効率的・有効的に実施することが期待される。その一つの鍵が，住民や当事者との「距離の近さ」あろう。他方，コミュニティ基盤型事業を行う場合は，コミュニティの価値を反映しつつ，その幅広いニーズを充足することが期待される。どちらの場合も，程度の差はあれ，一般市場を対象とする業務が組み込まれる場合が多い。市場と公共サービス問題の境界にある問題にこそ，行政のルールに縛られにくい柔軟な活動を行う社会的企業の役割が期待されているからだろう。

　公共サービス参加型事業であれ，コミュニティ基盤型事業であれ，何らかの形で競争を組み込むことで有効性や効率性の向上が期待されているのだが，これらについてはいくつかの落とし穴があることについてもみてきた。特にクリームスキミングとノウハウの囲い込みの問題，さらに消費者，支援者への訴えかけのための問題の過度の単純化などの危険もある。

　社会的企業には，市場の中で事業を展開し収益をあげるという側面もあるが，社会的課題が市場の限界に関わるものだけに，単純に独立採算を期待するべきではないということも指摘した。表面的には市場ベースで収益をあげているようにみえている団体も，何らかの社会資源を市民，マスコミ，さらにはその団体を支えるコミュニティ（地域社会，集団など）から獲得している

場合が多い。

　社会的企業がこれからの社会でどのような役割を果たすことができるのか。その強みはどのような分野で発揮できるのか。成果はどのようにはかるべきなのか。今後，どのような制度や支援メニューが必要となってくるのか。本書では，具体的な事例に根ざしながら社会的企業の可能性を探っていきたい。

注
(1)　OECD（2010）『社会的企業の主流化──「新しい公共」の担い手として』明石書店，塚本一郎・山岸秀雄（2008）『ソーシャル・エンタープライズ──社会貢献をビジネスにする』丸善。
(2)　例えば町田洋次（2000）『社会起業家──「よい社会」をつくる人たち』PHP新書。
(3)　斎藤槙（2004）『社会起業家──社会責任ビジネスの新しい潮流』岩波新書。
(4)　本書では，社会的に作られた障害に直面している人，という意味で「障害者」と表記している。詳しくは第3章参照のこと。
(5)　ジュリアン・ルグラン（2010）『準市場──もう一つの見えざる手』法律文化社，38-39頁では，準市場について次のように定義している。「準市場は，顧客を獲得するために競争する独立した複数の供給者が存在するという意味で市場と同じである。しかし，準市場は，少なくとも一つの決定的に重要な点で通常の市場とは異なる。それは，通常の市場のように，利用者がモノやサービスを買うために自分自身の資源を持って準市場に来るのではないということである。そうではなく，サービスは国家によって支払われるのであり，しかもバウチャーや，使途が特定された予算や資金提供方式などの形式を通じて，利用者の選択に従って動く資金によって支払われる」。
(6)　なお，第6章の事例では，生活保護の住宅費の目的にはケアの提供は含まれていない。生活支援の提供はあくまで居住の場の提供に無料で加えられている「サービス」なので，準市場としては不完全である。
(7)　佐橋克彦（2006）『福祉サービスの準市場化──保育・介護・支援費制度の比較から』ミネルヴァ書房，4頁。

第2章　公共サービス政策と社会的企業
　　　　──イギリスの事例から

遠藤知子

1　政府と社会的企業の協働

　現在，日本では少子高齢化や若者の雇用問題などにより，多様化する公共サービス需要に対応するための政府の政治的，財政的，実践的限界が唱えられている。そうした中で，社会的企業をはじめ，さまざまな市民社会組織による公共サービス提供に期待が寄せられている。政府と市民社会の協働の条件を規定する政策的文脈は，人びとの生活にとって重要な公共サービスがどのように提供されるかを左右する。本章では，現在のイギリスにおける公共サービス改革の政策動向が，草の根で活動する社会的企業の活動や公共サービスの質にどのように影響するのかをみていきたい。

　イギリスにおける社会的企業の発展は，政府の政策課題から切り離すことができない。1997年に発足した新労働党ブレア政権は，新しい時代に即した，民意を反映する福祉国家のあり方を模索した。ブレアの福祉国家改革において主要な役割を担うことになったのが，地域やさまざまなボランタリー組織を含む第三セクターである。ブレア政権は，市民の自発的な参加とコミュニティの連帯を重視し，政府主導の再分配による福祉供給から，公共サービス提供を市民社会に多元化する戦略を展開した（近藤 2008；永田 2011）。社会的企業（social enterprise）は，公共サービスの担い手が多様な供給主体に多元化されていく中，社会的課題に取り組む政府のパートナーとして積極的に推奨されてきた。2010年にキャメロン保守党・自由民主党連立政権へ政権交代後も，公共サービス提供を民間に開放していく動向はますます加速してい

る。

　こうした背景から，イギリスでは第三セクターによる公共サービス提供のあり方をめぐって，セクター横断的に試行錯誤の経験と議論が蓄積されてきた。必要とされるサービスをよりよく提供するためには，政府と市民社会の協働関係がどうあるべきなのか，どのような仕組みが社会的企業に期待されるところのイノベーションや社会的価値の創造を最大限引き出すために求められるのか——こうした問題に対して活発に行われてきた政策的議論から学ぶところは大きいだろう。本章では，特に公共サービスの公共調達をめぐる政策に焦点を当て，政府と社会的企業が協働してよりよい公共サービスを提供していくための条件について考えたい。

2　イギリスにおける第三セクター

　本題に入る前に，まず用語の整理をしておきたい。政府から独立しており，営利ではなく，第1に社会的価値や目的を追求する組織は，第三セクター組織，非営利組織，ボランタリー組織，チャリティ，コミュニティ組織，市民社会組織など，さまざまな仕方で称され，主にどの用語が用いられるかは，国や文脈ごとによって異なる。法人格の有無や対象となる税制度，非営利性・自発性のどちらの側面を強調するかなどによって，微妙な差異が存在する。しかし，これらの組織の共通点は，政府から独立しており，個人の利益の最大化ではなく，共通の利益のために自発的に組織された団体であるということである。

　非営利組織を対象とする法制度が存在するアメリカや，NPO法人としての法人格が存在する日本では，「非営利組織」や「NPO」が用いられることが多いのに対し，イギリスでは，活動の自発性を強調する「ボランタリー組織」が用いられる。なお，イギリスでは，国の独立機関であるチャリティ委員会から公益性を認められた団体が，「チャリティ」として認可を受け，税

制優遇の対象となる。こうして認可を受けたチャリティ以外の小規模なコミュニティ団体，主に構成員間の共通の利益を増進させる協同組合，社会貢献のために一定の収益事業を行う社会的企業など，より幅広い組織を包括するために「第三セクター」という言葉が用いられるようになっている（遠藤 2014）。

　本章では，社会的企業を，第三セクターの一部として位置づけている。第3節で見ていくとおり，社会的企業は，利益の完全な非配分制約はないため，純粋な非営利組織であるとは限らないが，事業収入を得つつ，それを所有者や株主の利益ではなく，社会目的に再投資するという利益配分に対する一定の制約があるため，営利企業とは異なる第三セクター組織として捉え得るものとする。なお，日本では第三セクターがより限定された仕方で用いられることがあるため，イギリス以外の文脈について，本章ではより包括的な「市民社会セクター・市民社会組織」を用いることとする。

3　イギリスにおける社会的企業の発展

　イギリスにおける社会的企業は，さまざまな政府文書や中間支援組織によって多様な仕方で捉えられているものの，最低限の共通理解として，①社会・環境問題に取り組むことを主要目的とし，②そのために何らかの（公共セクターとの契約を含む）財やサービスの取引による事業から収益を獲得し[2]，③収益の余剰によって株主や所有者の利潤を最大化するのではなく，それを社会目的のために再投資する組織とされている[3]。さらに，活動方法における企業家精神[4]や，所有やガバナンスの社会性・民主性[5]などが付け加えられる場合がある。また，イギリスにおける社会的企業は，産業共済組合，保証有限会社，コミュニティ利益会社[6]など，多様な法形態を持ち得る（NCVO 2013；塚本 2003, 2008；梶・飯塚 2006；遠藤 2014等）[7]。このように，社会的企業は公的課題解決における政府のパートナーとなり得る多様な第三セクター組織を

包括し得ることがわかる。

　ビジネス・イノベーション・職業技能省（BIS）の2012年社会的企業実態調査によれば，英国には約7万の社会的企業が存在し，年間収入総額は，5,490億ポンドであるとされている（Cabinet Office May, 2013：2）。しかし，これらの数字は，事業収益の占める割合や，利益配分制約などに関してBISが設ける社会的企業の定義に基づくものであり，社会的企業セクターの大きさは，どの定義を用いるかによって変動する。

　こうした社会的企業の包括性の背景には，福祉国家を多元化していく文脈で協同組合，政策シンクタンク，ボランタリー組織のネットワークなど，多様な市民社会組織と政府の賛同者が社会的企業という共通概念を軸に歩み寄り，公式用語として普及させてきた経緯がある（Teasdale 2011；塚本 2003)[8]。政府は公共サービス改革の担い手として公的価値を創造する第三セクター組織を「社会的企業」の傘下において促進し，異なる第三セクター組織は，こうした文脈を自らの活動を広げる契機として活用してきた。荒廃した地域の再生と社会的包摂が主要な政策課題であったブレア政権第1期目（1997-2001）においては，協力と参加を原則とする協同組合や，コミュニティの発展・繁栄を目指すコミュニティ事業による地域の社会関係資本育成・雇用創出などが注目された。これに対し，公共サービスの革新と効率化を実現するサービス供給主体として第三セクターを促進したブレア政権第2期目（2001-2005）以降は，地方自治体における公共調達をベースにしたボランタリー組織の商業化が進められてきた（塚本 2003；永田 2006等）。このような文脈において，2001年には貿易産業省（DTI）に社会的企業局（Social Enterprise Unit）が，2006年には内閣府に第三セクター局（Office of the Third Sector)[9]が設置され，政府による社会的企業の戦略的な支援策が執り行われた。

　貿易産業省（DTI）が2002年に刊行した報告書「社会的企業──成功のための戦略」（*Social Enterprise: A Strategy for Success*）および，第三セクター局が2006年に刊行した「社会的企業行動計画」（*Social Enterprise Action*

Plan）は，社会的企業に期待される社会貢献の一つに公共サービス供給とその改良を挙げ，公共調達における中央・地方政府の社会的企業に対する理解の普及や，社会的企業の競争力を向上させるための支援策を提示している（DTI July, 2002；Cabinet Office 2006）。これらの報告書において，政府側は，公共サービス供給者として社会的企業が市場原理に引きずられずに社会的価値に目的を集中させつつ，企業家精神やイノベーションによって政府によるサービスの硬直性や画一性を革新させること（DTI July, 2002），また利用者との信頼関係の構築や「問題解決精神」によって，公共サービスに対する新たなアプローチが生まれることに期待している（Cabinet Office 2006：17）。これに対し，NCVOやACEVOなど，ボランタリー・コミュニティ団体を代表する全国組織は，行政依存によるボランタリー組織の自立・自律の喪失を懸念しつつ，ボランタリー組織が収入源を多元化する一つの手段として，地方自治体の公共サービス市場において「収益事業」を展開するボランタリー組織を社会的企業として後押しするようになった（Teasdale 2011：112）。したがって，行政府を対象とする公共サービス市場は，イギリスの社会的企業にとって収益事業を展開する上で最も重要な領域の一つとなっている。

4　公共調達と社会的企業

　公共調達とは，「公共セクターが，財，サービス，工務（works）を第三者から獲得する過程」である（Office of Government Commerce 2008）。また，公共サービスの公共調達は，「民間および第三セクターが，ウェルフェア・トゥ・ワーク，継続教育，ソーシャル・ケアや健康などの部門において，主要なサービスを市民に直接提供する」ものとされている（Office of Government Commerce 2008：3）。公共調達の対象となり得る公共サービスは，教育，医療，社会福祉，リサイクルや交通改善など多種多様である。近年，イギリスでは特に元受刑者の社会復帰や再犯防止，長期失業者の雇用，健康と福祉分野に

おいて，社会的企業によるサービス供給に期待が寄せられている。

　これらの公共サービスは，本来政府機能と考えられるものであるが，社会的企業を含む政府から独立した第三セクター組織に期待が集まる理由として，一方では多様化する社会的ニーズを満たすために，一元的な政府によるサービス提供の硬直性と非効率の問題や，中央集権的な再分配の財源的制約といった政府の限界が指摘される。他方では，営利を至上目的とする市場原理によって社会的課題を解決することの限界も意識されている。政府が公共調達の対象として社会的企業に注目するのは，そうした組織が株主の利潤拡大要求から自由に社会的価値や利用者の利益を優先させつつ，事業維持に必要な企業家精神，合理性，専門性を育成し，それが公共サービスのイノベーションや質の向上につながることが見込まれているからである（DTI July, 2002: 24）。

　第三セクター組織の事業活動が直接社会的課題と連動するかどうかは，目的とされる課題によって異なる。就労から遠い人びとの労働統合を目的とするソーシャル・ファームであれば，就労による収益活動自体が課題と重なることが明確である。また，地域のリサイクル事業や交通サービスなど，財をコミュニティに還元する事業には，地域の活性化につながる付加価値を期待することができる。しかし，高齢者介護，児童福祉や障害者福祉など，コミュニティではなく，最も必要とする個人を対象とする分野において，社会的課題と収益活動との関係は必ずしも明確ではない。こうした分野における収益事業の「市場」は，地域の自治体を中心とする公共セクターである。行政委託契約の獲得自体は社会的課題と直接的な関係があるわけではないが，他の組織との競争を導入することで利用者のニーズにより適したサービスが実現し，組織の合理性や専門性を磨く上でも寄付や補助金依存とは一線を画すとみなすことができる。また，近年では社会的成果の測定基準を設け，サービス供給団体の働きによる成果とその金銭的価値を合理的に測定し，組織の評価と競争力の基盤とする成果主義の動向にも，社会的企業と従来のボラン

タリー組織との差別化をみることができる。よって，行政委託契約を競争的に勝ちとること自体が取引活動による事業収益とみなされ，サービス供給者となるボランタリー・非営利組織が社会的企業として理解される，またはそのように自己規定するようになっている。本書では，このように公共市場を対象とする組織を，「公共サービス参加型事業」を行う社会的企業と位置づけている（第1章参照）。

5　公共調達をめぐる政策動向

前労働党政権（1997-2010）は，公共サービスを多元化しつつ，さまざまな政策を通じて戦略的に第三セクターとのパートナーシップを実現するためのネットワーク整備，その調整や財政的支援を中央政府の役割とした（近藤2008；塚本・柳澤・山岸 2007；永田 2011等）。これに対し，現保守党・自由民主党連立政権は，こうした中央政府の管理が地域におけるボトム・アップの自発性・独創性を制限してきたと批判し，「大きな社会（Big Society）」というスローガンの下で，民営化と地域主義（localisation）を公共サービス改革の柱としてきた。人びとの生活に関わる公共サービスの権限を，政府から地方自治体やコミュニティなど，市民に最も近いレベルに移譲していくということがその基本理念である（HM Government July, 2011, 2013；勝又・塚本2012）。さらに，医療，社会福祉，教育などの分野において多様な供給者の間で競争原理を働かせることにより，サービスの選択肢の拡大と質の向上が実現できると主張する（HM Government July, 2011, 2013）。

こうした動向の背景には，一方では2008年経済危機以降の不況によって経済成長と財政赤字削減が最重要課題となっている状況がある。他方では，そのような状況が個人の責任と小さな政府を推奨する保守党のイデオロギーと合致しているということも事実である。本節では，現政権の公共調達をめぐる政策が，行政委託を重要な収益事業とする社会的企業に与える影響を検討

する。

（1）公共サービスの民間開放

　2011年7月に刊行された「公共サービス民間開放白書」（*Open Public Services Whitepaper*, HM Government July, 2011）は，公共サービス改革の柱として，①選択肢の拡大，②意思決定の分権化，③供給主体の多様性，④サービスにアクセスする公正な機会と⑤利用者・納税者へのアカウンタビリティを掲げている（HM Government July, 2011：8, 12）。端的にいえば，サービスのコスト負担者（政府）と供給者（公共機関，民間企業，社会的企業・ボランタリー組織）を分離することで，多様なサービス供給者の競争を活性化し，その結果政府主導の公共サービスの画一性・官僚制を打破するとともに，サービスの質の向上とコスト削減を実現できるという考えである（HM Government July, 2011：39）。①～③は，中央政府や地方自治体を公共サービス提供者ではなく，それらを調達する「コミッショナー」としての役割にますます移行させていく方向性を示している（HM Government July, 2011：29）。また，④⑤は，中央政府の役割に関する指針を示すものである（HM Government July, 2011：11）。こうした公共サービスの民間開放と分権化を進めるために，2011年11月に地域主義法（Localism Act）が制定され，2012年6月より執行されている。

　地域主義法の一環として導入された施策に，「地域公共サービスの運営の移譲を要求する住民の権利（Community Right to Challenge）」（勝又・塚本 2012：146）がある。これは，自治体職員，教会区，住民団体，ボランタリー組織，社会的企業など，さまざまな団体が，地域の公共サービスを改善するためにそのサービスを自ら運営することを自治体に対して求める権利である。この権利を行使する団体は，もしも自分たちが，例えば介護サービスや保育施設を運営するとしたら，どのように現行のサービスを改善させるかについて提案を提出し，自治体はそれを受け入れるかどうかについて審議を行う（Department of Communities and Local Government June, 2012, House of Commons 2011)。ただし，提案が受理された場合，申し出を行った組織に自動的にそのサービスを担う権利が付与されるわけではない。自治体は，受理した案に基づくサービスの調達手続きを開始し，新たなサービス供給方法を提案した団体，および民間企業を含む多様な組織が供給者として入札過程に参加することになる。

　地域主義法が執行されてから，自治体の中には特定のサービスを担当する職員同士が自治体から独立（スピンアウト）し，従業員所有型の社会的企業を設立するケースが出現している[15]。こうした動向の背景には，自治体に対する予算の大幅な削減がある。2013年6月に発表された複数年度の支出計画（HM Treasury June, 2013）では，地方自治体の予算は，2010年より実施されている約30％の支出削減に加え，2014年度よりさらに10％削減される見通しである。自治体の予算が縮小していく中，職員は既存のサービスを縮小させていくか，公共部門から独立して新たな契約を競争的に勝ち取ることのできる組織となるかどうかの選択を迫られている。独立後は，もともといた自治体をはじめ，複数の自治体や行政機関と契約を結ぶことが可能である。こうした組織が増えることにより，一方では供給者団体同士の生存競争が激化することが見込まれる。他方では，行政の一部としては不可能であった自由で柔軟な取り組みが可能になることが期待されている。

　自治体からのスピンアウトの他にも，近年，「警察と犯罪」[16]や「健康とウェルビーイング」の分野で地域レベルのサービスを行政が提供するのではなく，地域住民によって民主的に選ばれたコミッショナー（政治家や専門家）が，地域の警察機能や医療・福祉サービスに関するサービスを企画し，民間・第三セクターから調達する取り組みが開始している（HM Government July, 2011）。

　ボランタリー・セクター側は，こうした制度が公共サービスの在り方をめぐる公的議論を活性化し，社会的企業が独自の専門性，アドボカシーやイノベーション機能を発揮する可能性に期待を寄せている[17]。これらの政策は，草

の根で活動する市民社会組織固有の立場から現行のサービスに対する改善策を提示し，地域のニーズや将来の方向性について積極的に参加するチャンスを開く可能性がある。さらに，地方自治体が市民社会セクターと協働してサービスを企画することで，両者の対話と協力関係が強化されるよう，働きかけている。こうした制度により，公共問題に対する民主的議論の活性化，行政府と第三セクターの協働関係の補強，より地域のニーズに適合し，イノベーションに富んだサービスの実現といった効果が期待されている（HM Government 2010, July, 2011）。

その一方で，問題点としては，こうした制度が地方自治体への大幅な支出削減と並行して導入されているため，実際の公共調達においてはコストを抑えることのできる大規模な営利企業が有利になり，サービス提供に対する関心を表明したとしても，小規模なコミュニティ・ボランタリー組織は排除されてしまうことも危惧されている。公共サービス市場における競争が激化する中，真に必要とされるサービスに対して創造的に取り組む組織こそが，公共調達の過程において評価される仕組みを形成することが課題となっている。

（2）成果払い方式

地域のサービスに対して住民に権限を委譲する改革とともに，公共サービス調達において成果払い方式（payment by results）が導入されている。これは，その名の通り，契約業者への支払を成果と照らし合わせて後払いで行う契約関係である。成果払い方式が試行されている公共サービスの内には，長期失業者の就労支援（Work Programme），犯罪・再犯予防（Peterborough Pilot），医療（Acute Health Care Services），若者支援（Innovation Fund, Troubled Families Financial Framework, The Youth Contract）などがある（Charities Aid Foundation September, 2012 : 2）。政府は，成果払い方式によって供給者団体が無駄なコストを削減し，創意工夫して利用者のニーズに適したサービスを提供する経済的インセンティヴが形成されること，基準を満たさないサー

ビスに対して公的資金が支払われることを予防することで納税者への正当性が担保されることなどを主張している（HM Government July, 2011）。このように，成果払い方式は，現政権にとって社会支出を削減すると同時に，政治的正当性を主張しやすく，公共サービス改革の看板として進められてきた。

　しかし，ここで社会的企業にとって問題になるのは，入札過程における営利企業との機会の均衡である。後払い方式は，事前に潤沢な資金があることを前提とする上，サービス供給者が膨大な経済的リスクを背負うことになるため，営利企業が圧倒的に有利となる（Charities Aid Foundation September, 2012 ; SEUK December, 2012 等）。実際，成果払い方式によって長期失業者の就労支援を目的として2011年に始動したワーク・プログラムの主契約業者は，限られた前払い金に対応することのできる，粗利益が最低2,000万ポンドの営利企業である（House of Commons May, 2013）。非営利の社会的企業は，これらの主契約業者の下請けとしてサービス供給に参加することが企図されていたが，前払いで受け取る資金が限られている主契約業者が，支出削減のために下請け業者への支払いを制御する傾向にあるため，社会的企業への委託件数は極少数に留まっていることが明らかにされている（House of Commons May, 2013）。ソーシャル・ファームは，小規模な組織が多く，事業資金を負担する能力が限られているため，主契約業者が後払いのリスクを負担しない限り，ワーク・プログラムに関与することがほぼ不可能となっている。労働統合型社会的企業の中間支援組織であるソーシャル・ファームUKは，委託件数の少なさと併せて，ソーシャル・ファームに流入する資金が不十分であることが，ソーシャル・ファームの持続性を脅かしていることを報告している（House of Commons May, 2013）。

　2013年5月にプログラム1年目に関する調査結果をまとめた報告書，「ワーク・プログラムはすべての利用者層にとって効果的か」（*Can the Work Programme work for all user groups?*, House of Commons, May, 2013）が刊行された。この報告書によれば，すべての主契約業者は，プログラム1年目の成

果を達成しておらず，事実上契約違反という結果になっている (House of Commons May, 2013)。その主な理由は，不況の中で雇用の受け皿がない中，コストのかかる就労から遠い人びとを支援することが支払の条件となる「成果」を得にくいということがある。これに対し，本当に必要としている人びとを専門的に支援するソーシャル・ファームは，民間企業の下請けとなり，ワーク・プログラムから排除されていることが明らかにされている。

（3）社会的投資

　充実した公共サービスを従来の方法で提供し続けることの財政的な限界に対する問題意識は，中央政府，自治体，社会的企業など，セクターを超えて共有されるようになっている。成果払い方式は，そのような状況の中で試行された施策の一つであるが，真に必要とされる社会的成果を実現するためには，社会的課題に優先的に取り組む社会的企業を十分に生かし得る方法で，成果払い方式を設計することが課題として意識されるようになっている。その一環として，社会的投資 (social investment) 市場の整備が進められている[20]。これは，成果払い方式に必要な資金を民間の投資家が負担し，社会的成果が達成された場合に限り，投資家に金銭的なリターンが支払われるという成果払い方式の新たな仕組である。民間の投資家が経済的リスクを負うため，潤沢な資金を有する民間企業が有利になることなく，非営利の社会的企業がサービス提供者としての役割を担うことが可能となる（勝又・塚本 2012；Charities Aid Foundation September, 2012；Social Finance 2013 等）。また，金銭的な成果と社会的な成果を結びつけることで，効率的に社会的ニーズを満たしていくことを目的としている。

　さまざまな社会的投資モデルが試行錯誤されている中，ソーシャル・インパクト・ボンド (SIB) は，自治体など公共部門の調達者が，社会的企業が提供するサービスの成果からどれだけ社会支出を削減できたかに応じて，投資家にリターンを支払うというステークホルダー（自治体，投資家，事業実施

図2-1 SIBの仕組み

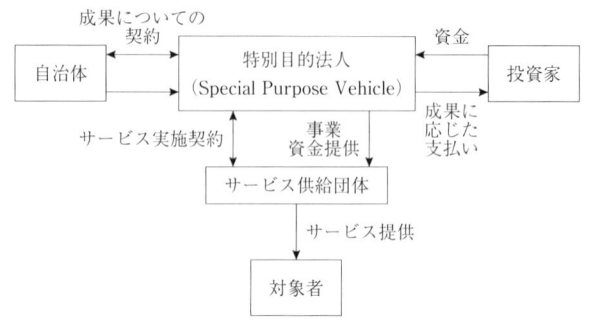

```
              成果についての
                 契約                            資金
    ┌─────┐ ─────→ ┌──────────────┐ ←───── ┌─────┐
    │自治体│          │  特別目的法人  │          │投資家│
    │     │ ←───── │(Special Purpose│ ─────→ │     │
    └─────┘          │    Vehicle)   │  成果に  └─────┘
         ＼           └──────────────┘   応じた
   サービス実施契約    事業            支払い
            ＼     資金提供
             ↓    ↙
          ┌──────────┐
          │サービス供給団体│
          └──────────┘
                │ サービス提供
                ↓
             ┌─────┐
             │対象者│
             └─────┘
```

出所：Social Finance (2013) をもとに筆者作成。

団体）間の契約関係である（勝又・塚本 2012；Charities Aid Foundation September, 2012；Social Finance 2013 等，図2-1参照）。SIB の特徴として，自治体は，成果が得られた場合にのみ投資家への支払義務があるため，失敗するサービスに対する金銭的なリスクを回避することができ，新たな手法を試みることが可能となることが期待されている（勝又・塚本 2012；HM Government 2013）。

イギリスでは，2013年時点で13件の SIB が実施されており，2010年よりピーターバラ刑務所において元受刑者の再犯予防を目的とするサービス[21]，2012年よりエセックス・カウンティ・カウンシルで施設援助・保護のリスクがある児童に対して集中的に介入する取り組みなどがある（Social Finance 2013）。SIB には，さまざまな構造があり，公共セクターが事業実施団体と直接契約を結ぶ場合や，SIB 実施のために設立された特別目的法人（SPV）を介して自治体および事業実施団体と契約が交わされる方式などがある。後者の場合，投資家にとっては，サービス供給団体ではなく，SPV が直接の投資先となり，事業の質が悪い場合は，事業実施者を変更することもできる（Social Finance 2013）。関係者は，SIB 実施前に，成果指標（事業による社会的成果を評価する基準），成果報酬，投資額，投資期間，償還期間，事業実施者の選定方法などについて合意する。中でも成果指標に関しては，対象者の生活の質の向上が自治体のコスト削減および投資家のインセンティヴと結びつ

き，かつクリームスキミング⁽²²⁾のような歪んだインセンティヴを最小限に抑える，客観的に測定可能な基準が設定される必要がある。エセックスにおけるSIBでは，児童養護施設での滞在日数，学校への通学率，犯罪率，受益者である児童の情緒的健康が成果指標として設定された（Social Finance 2013）。

SIBが実行されてから，さまざまなモデルが試される中で次々と新たな課題が出現している。特に，長期的な社会支出の削減につながる「成果」は，それを特定するのも，達成するのも，測定するのも困難であるということが大きな課題の一つである（Charities Aid Foundation September 2012）。また，社会的成果や報酬の測定方法といった制度設計の課題とは別に，投資に対する成果主義が徹底されることで，サービス供給団体間の競争が激化し，社会的企業の二極化も見込まれる。さらに，公的責任である社会的課題を民間の投資家の利益の対象とすること，社会福祉の焦点を個人の救済から社会的な効率性の問題にシフトさせることなどの正当性について，今後さらなる議論が必要だろう。

（4）社会的価値法

公共サービスの民間開放と成果払い方式が進展するとともにますます重要になってくるのは，サービスの社会的成果が適切な基準に基づいて評価されることである。公共サービス市場における競争が激化する中，市場原理では供給され得ない社会的価値を創造的に生み出す組織こそが，調達過程において評価されることが必要である。こうした問題意識を受け，2012年3月に公共サービス（社会的価値）法（Public Services〔Social Value〕Act）が制定され，2013年1月より執行されている。社会的価値法は，保守党のクリス・ホワイト議員の議員立法によって成立し，社会的企業やボランタリー組織のネットワークを含むイギリス第三セクターの活発なロビー活動に後押しされて実現した。下院・上院ともに政党を横断する支持を得て採択されたことからも明らかなように，公共サービス改革の転機として幅広い支持を獲得している。

第Ⅰ部　理論編

　この法律により，地方自治体や政府機関など公共サービスのコミッショナーは，公共調達を行う際に，そのサービスが地域に与える経済的・社会的・環境的価値を考慮しなければならないことが定められている（Social Value Act 1:3）。ここでいう「社会的価値」とは，調達されるサービスの価値以上の付加価値を意味しており，例えば，就労に対するバリアを抱える人びとを雇用するリサイクル事業，地域の社会資本を育成する介護サービスなどが例として挙げられる（SEUK November, 2012）。入札参加者のサービス供給構想に社会的価値が組み込まれるよう，コミッショナーは，こうした付加価値の創造を視野に入れた調達手続きを行い，サービス供給者の決定に当たってこのような付加価値が見込めるかどうかを判断材料にすることが求められる。また，調達が検討されているサービスの社会的価値やその調達方法について，コミッショナーは協議（consultation）を行うことを検討することが推奨されている（Social Value Act 1:7）。

　この法律により，社会的企業は，以下の効果を期待することができる。第1に，公共調達過程に社会的価値の創造が組み込まれることで，ボランタリー組織や社会的企業に公平な土俵が整備され，第三セクターの独自性・専門性が地域の公共サービスに活かされること（SEUK November, 2012）。第2に，これにより，市場原理では供給され難い社会的価値が実現し，公的資金を正当に活用することが可能になること（SEUK November, 2012）。第3に，地方自治体が短期的なコスト削減よりも地域の社会的価値を優先させることにより，公的資金が民間企業ではなく，コミュニティに流れ，地域の雇用や経済の活性化が見込まれること（SEUK November, 2012）。第4に，自治体が，公共調達の条件として地域の社会的価値やその実現方法についてボランタリー・コミュニティ組織や社会的企業を含む多様な主体と協議を行い，市民社会による民主的な議論が活性化されることである。社会的企業・ボランタリー・セクターは，こうした機会を十分に自分たちのものとするために，コミッショナーに対する法律の認知や草の根組織への普及に努めている。

6　社会的企業をめぐる公的枠組み

　福祉国家再編政策の中で公共サービスの民間開放を制度的に実施してきたイギリスでは，人びとの生活に影響を与える公共サービス提供において，第三セクターの力を引き出すための試行錯誤が繰り返されている。中央政府の目的は，競争原理に基づいてサービスの質の向上と社会支出削減を実現することであるが，社会的企業やボランタリー組織は，草の根団体が地域における公的資金の活用方法に対して発言し，社会的課題への取り組みを実現し得る環境が整えられるよう，働きかけている。中央政府，自治体，社会的企業，それぞれがセクターを超えて，自分たちの社会を方向づけるための公共的議論に活発に参与している。

　こうした議論の蓄積の中で，公共調達において社会的企業の創造性を活かすための条件として，社会的企業が①政府の下請け化することを防止すること，および②市場競争によって不当に排除されないための制度設計が模索されてきた。①を担保するためには，社会的企業が政策形成過程に関与する道筋が開かれていることが重要である。社会的企業が独自の目的から離れて政府が一方的に規定する目的の効率的な実行者になるのではなく，政府とともに公共調達の条件やサービスの目的と実施方法に対して関与する主体になってこそ，その多様性と創造性を公共課題解決に活かすことができる。本章で見てきた取り組みでは，「地域公共サービスの運営の移譲を要求する住民の権利」を，住民が地域の社会的課題について関心を持ち，関与する機会として活用することができるか，社会的価値法を，地域の公共サービスにおける「社会的価値」について社会的企業やコミュニティが意見を提示する契機として活用することができるかが問われている。

　また，②を担保するには，公共調達の入札過程が，営利企業に対して公平な条件で行われることが重要である。このためには，非営利の社会的企業に

第Ⅰ部　理論編

対して，事業に必要な資金を提供する仕組みが整備されていること，事業の評価基準が本来の社会目的に対して適切であることなどが必要である。入札過程において社会的企業が民間営利企業と競合する場合，財的・人的資源において，前者は圧倒的に不利になりがちである。しかし，営利企業は市場において採算の取れる事業に活動を集中させるのに対して，社会的企業は市場によって供給され難い社会的価値を実現しようとする。よって，本来求められている目的を達成するためには，社会的企業の社会性が正当に評価されなければならない。本章では，このような課題に対して，イギリスでは社会的投資市場の制度的な開発と支援，社会的価値法によって自治体が社会的価値を公共調達過程において考慮することを促す環境づくりが行われようとしていることを見てきた。

　多様化する社会的課題に対する政治的・財政的限界を克服する手段の一つとして，公共サービス提供を社会的企業が担っていく動向は，今後日本でもますます注目されていくだろう。しかし，公共サービスの民間開放は，政府が公的責任を民間に押し付ける手段であってはならない。本章で見てきたとおり，公共調達の条件をめぐる政府の政策は，社会的企業が本来の目的である社会的成果を実現し，それによって社会的課題の解決と長期的な支出削減を可能とする環境を整備する上で決定的に重要である。政府の政策は，重要な公共サービスの質，最も必要としている人びとのニーズの供給，市民社会の自由と多様性，地域の民主的正当性が担保されるかどうかに影響する。同時に，こうした政策を生み出すのは政府のみではない。イギリスの第三セクターは，そのネットワーク力と発信力を総動員して自らが活動する環境に対して働きかけている。政府と市民社会の両者が，公共サービスの公的枠組み形成を共通の問題として受け止める必要がある。

注
(1) 米 Johns Hopkins University, The Center for Civil Society Studies は，非営

利組織の特徴として①組織としての体裁があること（organized），②民間であること（private），③利潤を分配しないこと（not profit-distributing），④自己統治を行っていること（self-governing），⑤寄付やボランティアなどによる自発性（voluntary）の要素があることを挙げている（Salamon and Sokolowski 2004 等参照）。また，イギリスのボランタリー・セクター研究者である Jeremy Kendall（2003：6）は，広義のボランタリー組織を，前述5つの特徴を有する組織として定義している。

(2) 活動資金における事業収益の占める割合の条件については，定義の差異があり，曖昧である。Social Enterprise UK（http://www.socialenterprise.org.uk/about/about-social-enterprise, 2013年12月アクセス）は，その割合を「大部分」（majority）としており，Social Firms UK（http://www.socialfirmsuk.co.uk/about-social-firms/what-social-firm, 2013年12月アクセス）は，ソーシャル・ファームの条件として，事業収入が50％以上であることを規定している。しかし，ビジネス・イノベーション・職業技能省の社会的企業の実態調査で用いられている定義では，少なくとも財源の25％が取引から生み出されていることが条件とされている（Cabinet Office May, 2013：1）。

(3) DTI（July, 2002），Cabinet Office（2006, May, 2013）等。

(4) DTI（July, 2002：16）。

(5) DTI（July, 2002：16）等。

(6) コミュニティ利益会社は，2005年に社会的企業のためにつくられた法人格であり，財産や利益をコミュニティに再投資しなければならないという「アセット・ロック」のかかった有限会社である（GOV. UK, "Community Interest Companies", *Office of the Regulator of Community Interest Companies*, http://www.bis.gov.uk/cicregulator/, 2014年1月アクセス）。

(7) これらのうち，保証有限会社は，チャリティ法に基づいてチャリティとして認可を受け，税額控除の対象となることができる。なお，イギリスでいうところのチャリティ，あるいはボランタリー組織は，アメリカや日本でいうところの非営利組織（non-profit organization）とほぼ共通していると理解してよい（梶・飯塚 2006；塚本・柳澤・山岸 2007等）。イギリスにおけるチャリティおよび社会的企業の法形態については，遠藤（2014）を参照。

(8) ソーシャル・エンタープライズという名称は，1999年に協同組合（ワーカーズ・コープ）が連結して結成した Social Enterprise London が最初に使用したといわれている（塚本 2003：130，Teasdale 2011）。この名称は，共同所有が持つ資本主義と対立的なニュアンスを弱め，一般的に受け入れられ得る新しい形の

第Ⅰ部　理論編

　公共サービスやビジネスの形を体現するコンセプトとして用いられた（Teasdale 2011：109）。ブレアは，1997年に政権を握るに当たって労働党の経済政策に対して幅広い支持を得るために，生産手段の国有化を掲げた労働党の網領第4条を削除している（山口 2005）。

(9)　第三セクター局は，保守党への政権交代後の2010年より「市民社会局（Office for Civil Society）」として引き継がれている。

(10)　2006年の行動計画の詳細に関しては，塚本（2008）を参照。

(11)　National Council for Voluntary Organisations：全国ボランタリー組織協議会

(12)　Association for Chief Executives of Voluntary Organisations：ボランタリー組織経営者協会

(13)　ただし，競争原理の落とし穴については，第1章を参照。

(14)　例えば，HM Government（2013）*Growing the social investment market: 2013 progress update* では，成果（outcome）に基づく社会的投資の対象となるサービス供給団体を social enterprise としている。

(15)　中央政府は，自治体からのスピンアウトに対して職員の公務員年金を維持するなど，さまざまな支援策を整備している（HM Government July, 2011）。

(16)　Police Reform and Social Responsibility Act 2011 により，2012年11月に42の Police and Crime Commissioners が選出された。HM Government（July, 2011：50）参照。

(17)　NCVO の見解については，NCVO, "What we believe about localism" を参照。ボランタリー・コミュニティ・セクターの見解については，Voluntary and Community Sector Assembly, "Localism Bill Briefing: the Community Right to Challenge" を参照。

(18)　政府と直接契約を結ぶ業者が「主契約業者（primes）」であり，それらが下請け業者（subs）とサプライ・チェーンを形成することが想定されている。ワーク・プログラムでは，主に9つの民間企業が主契約業者として採用され，その内1社は全体の25%近くを占める30億ポンドの契約を獲得している（SEUK December, 2012：21）。

(19)　民間企業が大規模な行政委託を受けている分野としては，就労支援のほかにも児童養護施設やケア・サービス（adult social care）が顕著である。近年は，刑務所や亡命希望者の施設運営においても民間企業が参入するようになっている（SEUK December, 2012）。

(20)　SIB 市場整備のため，内閣府には，Centre for Social Impact Bonds が設置されている。中央政府の取り組みについては，GOV.UK, "Social impact bonds" を

⑵⒈　ピーターバラ刑務所の SIB の詳細については，勝又・塚本（2012）を参照。
⑵⒉　第 1 章参照。

参考文献

遠藤知子（2014）「イギリス」山内直人・田中敬文・奥山尚子編『世界の市民社会 2014』大阪大学大学院国際公共政策研究科 NPO 研究センター，131-142頁。

梶英樹・飯塚知香子（2006）「英国」山内直人編『世界の市民社会2006』大阪大学大学院国際公共政策研究科 NPO 研究センター，99-108頁。

勝又英博・塚本一郎（2012）「インパクト・インベストメントによる公共サービス改善の可能性――ソーシャル・インパクト・ボンド（SIB）を中心に」塚本一郎・関正雄編著『社会貢献によるビジネス・イノベーション――「CSR」を超えて』丸善，143-167頁。

近藤康史（2008）『個人の連帯――「第三の道」以降の社会民主主義』勁草書房。

塚本一郎（2003）「イギリスにおける社会的企業の台頭――労働党政権下における市民事業と政府の新たな協働」『経営論集』50巻第 3 号，123-145頁。

塚本一郎・柳澤敏勝・山岸秀雄編著（2007）『イギリス非営利セクターの挑戦――NPO・政府の戦略的パートナーシップ』ミネルヴァ書房。

塚本一郎（2008）「イギリスにおけるソーシャル・エンタープライズの動向」塚本一郎・山岸秀雄編著『ソーシャル・エンタープライズ――社会貢献をビジネスにする』丸善，33-57頁。

永田祐（2006）「ブレア政権のボランタリー・セクター政策――『格下のパートナー』から『対等なパートナー』へ？」『医療福祉研究』第 2 号，42-51頁。

永田祐（2011）『ローカル・ガバナンスと参加――イギリスにおける市民主体の地域再生』中央法規出版。

山口二郎（2005）『ブレア時代のイギリス』岩波新書。

Cabinet Office, Office of the Third Sector (2006) *Social enterprise action plan ― Scaling new heights.*

Cabinet Office (May, 2013) *Social Enterprise: Market Trends ― Based upon the BIS Small Business Survey 2012.*

Charities Aid Foundation (September, 2012) *Funding Good Outcomes ― Using social investment to support payment by results.*

Department of Communities and Local Government (June, 2012) *Community Right to Challenge: Statutory Guidance.*

第Ⅰ部 理論編

Department of Trade and Industry, DTI (July, 2002) *Social Enterprise: A Strategy for Success.*
GOV. UK, "Community Interest Companies", *Office of the Regulator of Community Interest Companies* (http://www.bis.gov.uk/cicregulator/, 2014/01).
GOV. UK, "Social impact bonds", *Cabinet Office* (https://www.gov.uk/social-impact-bonds, 2014/02).
HM Government (2010) *Decentralisation and the Localism Bill: an essential guide.*
HM Government (July, 2011) *Open Public Services Whitepaper.*
HM Government (2013) *Growing the social investment market: 2013 progress update.*
HM Treasury, Office of Government Commerce (2008) *An Introduction to Public Procurement.*
HM Treasury (June, 2013) *Spending Round 2013.*
House of Commons (2011) Localism Act 2011: Community right to challenge.
House of Commons, Work and Pensions Committee (May, 2013) *Can the Work Programme work for all user groups?*
Kendall, J. (2003) *The Voluntary Sector,* Routledge.
National Council of Voluntary Organisations, NCVO (2013) *Civil Society Almanac 2013.*
National Council of Voluntary Organisations, NCVO "What we believe about localism" (http://www.ncvo.org.uk/policy-and-research/localism/what-we-believe, 2013/12).
Public Services (Social Value) Act 2012 (http://www.legislation.gov.uk/ukpga/2012/3/section/1, 2014/01).
Salamon, L. M. and Sokolowski, S. W. and associates (2004) *Global Civil Society: Dimensions of the Nonprofit Sector,* vol. 2, Kumarian Press.
Social Enterprise UK, SEUK (November, 2012) *The Social Value Guide: Implementing the Public Services (Social Value) Act.*
Social Enterprise UK, SEUK (December, 2012) *The Shadow State.*
Social Finance (2013) *A Technical Guide to Developing Social Impact Bonds.*
Teasdale, S. (2011) 'What's in a name? Making sense of social enterprise discourse', *Public Policy and Administration,* 27: 2, pp. 99-119.
Voluntary and Community Sector Assembly, "Localism Bill Briefing: the

Community Right to Challenge" (http://mycommunityrights.org.uk/, 2013/12).

コラム1

社会的企業の収益事業と本来の問題解決の責任主体

　社会的企業は，収益事業で問題解決を行う，という形で語られがちだ。しかし，多くの場合，収益事業だけでは問題解決には至らないということも忘れてはならない。残念ながら，収益事業をうまく進めるため，過度に単純な販売促進活動が行われ，問題の本質が見過ごされてしまう場合もある。

　偏見・差別から外国人が部屋を借りられないという問題を考えてみよう。まず外国人はとにかく住む場所が見つからないという問題に直面している。では，外国人専門で部屋を貸し出しするアパートや，そうした物件を紹介する社会的企業や営利企業があれば問題は解決するのだろうか？　必ずしもそうではないだろう。差別自体がなくならなければ，結局，一部の特別なアパートにしか住めない，ということになる。最終的には，「不当な差別なく部屋が借りることができる」社会を生み出さなくてはならない。これは本来，特定の企業によってではなく，すべての不動産企業により行われなくてはならない。それを可能とするためには，政府が規制・差別禁止も含めた政策を作り出す必要がある。もちろん，「政府が差別を規制すべきだ」というだけで，「今，ここにある問題」が直ちになくなるわけではないので，さまざまな取り組みをただちに始める必要性がなくなるわけではない。ただ，この問題を本当に解決するためには，アパート提供・物件紹介だけではなく，業界・政府への働きかけ，政策提案も必要になる。もちろん，ある団体がすべてを行う必要はないが，社会的企業やその収益事業の役割は，問題解決の努力の全体像の中で考えなくてはならない。

　もう一つ，途上国の児童労働や環境問題を解決するためのフェアトレードを例に考えてみよう。多くのフェアトレード団体や民間企業が児童労働・環境破壊などを伴わない生産者のチョコレートやコーヒーの製品を販売している。値段は高めだが，価格の一部が現地の教育などの社会事業に使われることもある。もちろんそれ自体が悪いわけではないが，問題解決の本来の責任者とその役割を考えることで，こうした活動の意味をもう少し客観的にみることができる。児童労働の禁止や環境破壊の防止は本来，一部の企業の役割ではなく，すべての企業や生産者が行わなくてはならないことであり，規制などでそれを保障するのは本来は現地の政府の役割のはずだ。社会サービスの提供も同様である。もちろん，よいことは誰がやってもよいのだが，それが問題解決にどのように役立つかは，全体像を観ながら考える必要がある。確かに，原理的には，世界のすべての消費者が社会的に責任を果たしている生産者からだけ購入すれば，問題は解決する。ただ，これは不可能に近い。マーケティング理論により明ら

コラム1　社会的企業の収益事業と本来の問題解決の責任主体

かにされてきたように，消費者は，均一ではなく多様な価値観・金銭感覚を持つセグメント（集団）から成り立っている。その中で環境・人権などに配慮し高めのお金を払うセグメントは，通常収入が比較的高い一部の社会層が中心である。その比率は，社会全体の意識により変わるが，必ず低価格の製品を指向する人（や場合）は少なからず残る。つまり問題を本当に解決するためには，フェアトレードだけでは不十分であり，現地政府への働きかけなども同時に行われなくてはならない。

「マイクロクレジットによる貧困解決」にも落とし穴はある。バングラデシュのグラミン銀行は，偏見からお金を貸しても返してもらえないと思われていた人びとを対象に，小規模の融資を行うことで，営業的にも成功するということを示し，営利ベースで貧困解決を行うモデルを生み出したということで有名である。だが，採算がとれるということは，通常の企業でも参入できるということになる。通常の企業ならば，同じ貧困層でも，識字や会計能力に問題があるなどで，返済リスクの高い人は避け，しっかり返せる人だけに対象を絞り込み，より安全で低価格の融資を行い，競争に勝つかもしれない（クリームスキミングの問題）。社会問題の解決ということでいえば，「識字や会計能力に問題がある人」の支援を行い，その能力を高めることが重要となってくるわけだが，そういうことをしない方が利益はあげやすいということになる。このように市場ベースで採算がとれるニーズの充足を企業が行う形になれば，最後には市場ベースではなり立たないニーズ（現段階では返済能力がない人への融資など）が残る。本来，人びとの基本的な教育は政府を中心とした社会全体の義務であり，マイクロクレジットの収益をそれに回すという方法（すなわち，貧しい人びとが自分の収入でその部分を負担する）には無理もある。

起業家は，市場の健全な機能のためにも重要である。彼ら／彼女らがイノベーションを継続していくことで，見過ごされていた人びとのニーズ充足が行われていく。だが，本来営利ベースだけでは解決できない問題は，起業家の工夫だけでは解決が困難である。市場がまがりなりにも機能している社会においては，まさにそうした課題こそが「社会的課題」の中心を占める。このため，問題解決の本来の責任主体とのパートナーシップのもとに，事業を進めなくては社会的企業の事業とはなりにくいのである。

（川村暁雄）

第3章	社会参加を促進する社会的企業
	――障害者の労働参加の事例から

川本健太郎

1　障害者の労働参加の場としての社会的企業の可能性

　本書で扱う社会的企業とは，社会的課題を解決するために市場や準市場（第1章参照）で収益事業を行う事業体を指す。収益事業を社会的課題の解決に最もうまく活かすことができる一つの分野は，労働に関係するものだろう。労働はそもそも市場に関わる活動であり，社会的課題の解決と収益事業と関連づけやすいからだ。本書の事例でも，第5章のフレンズ・インターナショナルは，収益事業を社会的に排除された青少年に職業訓練を与える場として活用することで大きな成果をあげている。

　障害者の社会参加の場として収益事業を行い，障害者が労働者として参加する場を作るというのも，社会的企業の特徴を有効に活かす手法であり，後で紹介するようにイタリアなど多くの国でこうした手段が採られてきた。本章では，日本において障害者の社会参加のための場が，収益事業を用いる組織（本書でいう社会的企業）によってどのように作られてきたのか，今後どのような課題と可能性があるのかを検討したい。社会的課題の解決に収益事業を使うという手法は，日本では障害者の分野で最も体系的に試みられ，制度化が進められてきており，社会的企業の持つ可能性や課題を考える上でも，この分野での試みを検討することはきわめて重要だろう。

　本章では，まず障害者の直面する課題とはどのようなものなのかを市場と政府の役割と関連させながら整理しよう。次に，通常の市場の中では労働（そして社会に）参加できなかった重度の障害者の社会参加のための就労の場

（福祉的就労）を生み出す試みを，共同作業所運動を振り返りながら考える。これは，コミュニティ基盤型の社会的企業が，行政の資金を活用する公共サービス参加型の社会的企業の事業を展開して行くプロセスでもあった。その後，現在の政府の障害者自立支援法（2013年4月に障害者総合支援法に改称，以下，支援法）がもたらした「準市場」のあり方が生み出している課題を検討する。最後に，障害者の社会参加を促進する今後の社会的企業の課題と役割，それを支える政策環境の必要性について考えたい。

2　障害者の課題とは

（1）障害者の経済活動からの排除

　障害者といっても，それぞれが直面する障害は多様であり，一言で片づけることはできない。身体障害か知的障害か，あるいは精神障害かで，社会から受ける偏見は異なるし，労働の場で直面する障害も確かに異なる。同じ類型の障害を持つものでも，障害の程度，生来のものかどうかなどで違う。だが，どんな障害者であれ，多くが労働の場や社会関係から排除されがちであるということについては，共通している。障害者であるということで，家庭や施設の中に閉じ込められてしまうこともある。自由に使えるお金を得たり，自分の役割を確認したりする場である労働の場にも簡単には参加できない。実際，現在，在宅生活を営む約332万人の18〜64歳の障害者（厚生労働省，2013）のうち，一般企業などで労働法規に基づく雇用の場を得ているのは，非正規社員と正社員をあわせて約60万人である。なお，後述する共同作業所などの社会参加のための労働の場（福祉的就労）に参加している者は16万人ほどであり，残りのほぼ200万人は基本的に家の中で暮らしている。その中の60万人ほどが就労支援の対象者となるが，すべての障害者に仕事に就く機会があるわけではない。

　では，日本の社会は，このような障害者の課題に対して何をしてきたのだ

ろうか。

　まず，1960年に制定された障害者雇用促進法（現・障害者の雇用の促進等に関する法律，以下，雇用促進法）に基づく障害者の雇用促進のための制度がある。これは仕事ができる障害者に対して雇用の場を提供することを目的としており，簡単にいうと，一定の規模の企業に対して，一定の比率（「法定雇用率」）で障害者を雇用することを義務づける割当雇用制度であり，義務に反した企業に対しては「雇用納付金」の支払いを科すものである。現在は，50人以上の事業体に対して2.0％の法定雇用率（行政機関の場合は2.3％）が定められている。

　また，企業が法定雇用率を達成することを後押しするために，政府は特例子会社を認めている。特例子会社とは，本社での採用が困難である場合，障害者のために新たに別法人の設置を認めるものである。大企業では，この特例子会社によって雇用率が達成されているケースは多い。この雇用促進法によって，ある程度の障害者雇用者数を増加させるなど成果をあげてきてはいるが，法定雇用率を達成する企業の割合は，45％前後と低位で推移しているなどの課題も残っている。法定雇用率を満たさない場合に支払われる納付金は，達成企業に支払う奨励金の原資となっているのだが，企業は，納付金の額と雇用することで発生するコストを経済的基準という天秤にかけることになる。その結果，雇用を見送る企業が多く，特に財政基盤が脆弱な中小企業にその傾向が目立つ。したがって，大企業の少ない地方都市では，実態として雇用率は低い（厚生労働省が提示する都道府県別雇用率の算定方法は，本社の所在地によってカウントされる。例えば，新潟県に障害者雇用の場としての工場があっても本社の東京都の雇用率にカウントされる）。

　とはいえ障害者雇用については進展もある。後述する支援法により，割当雇用制度を補うための，相談窓口の設置やジョブコーチといわれる，障害者と企業の架橋的役割を担うコーディネーターの配置などもある程度は進められてきた。障害者の研修を行って一般就職につなげるための国の事業（就労

移行支援事業）も始まり，社会的企業がその実施を担うようになってきた。また，「合理的配慮」という考え方が法制度の中に導入されつつある。「合理的配慮」とは，障害に応じた何らかの対応（作業空間，設備，仕事の内容，方法などの工夫）をすることで仕事が遂行できるならば，その工夫が不合理なほど重い負担とならない限り必ず実施しなくてはならないという考え方である。例えば，作業台の形を少し変えることで車イスの人でも仕事できるなら，そうした変更をしなくてはならない。これは，2006年に国際連合で採択された障害者権利条約（日本は2014年に批准，同年2月に発効）で国際的に確認されたもので，日本も障害者基本法と雇用促進法をそれぞれ2011年と2013年に改正し，障害者差別解消法を2013年に制定する中で，この考え方を国内法に取り入れてきた。2016年には，これらの法律により合理的配慮が日本社会に導入され始める予定であり，これは障害者の雇用促進や差別禁止のための大きな一歩として期待されている。

　だが，たとえ障害者雇用の支援が強化され，合理的配慮が行われるようになったとしても，すべての障害者が一般企業で働くことができるようになるわけではない。合理的配慮は，あくまで市場の働きと矛盾しない程度で行われるものであり，いわば偏見や固定観念により生み出されている市場の歪みを解消するためのものなのである。雇用促進法の中では，企業は「採算をとれない」と考えれば障害者を雇用しない。「合理的配慮」が義務づけられれば，企業は「本当に採算がとれないのか」を問われることになり，それが偏見に基づくものならば修正を迫られるかもしれない。しかし，採算がとれないとなれば，雇わなくてもかまわないということになる。雇用促進法は，基本的には市場の枠組みを活用しているものであり，すべての障害者に役立つわけではない。

（2）福祉政策の変化と課題——排除からノーマライゼーションへ

　一般企業の中で通常の就労ができればよいが，障害がより重度であるなど

の理由で通常の就労が困難な者も少なくない。戦後の日本において，そうした障害者への政策としては，社会福祉の枠組みの中に位置づけられた①現金の給付，および②福祉施設への収容があった。①の現金の給付とは，障害者に対して，障害の重さを1～14級と認定し，級数に応じて障害者基礎年金（1～2級該当者を対象）やさまざまな補助を給付するというものである。②福祉施設への収容とは，入所型更生施設（生活支援と職業訓練の場）などの施設で生活の場を保障するという枠組みで，重度の障害者を「保護の対象」とし，施設で暮らすよう指定するというものである。

　だが，こうした福祉政策には大きな問題があった。障害者基礎年金は，1944年に始まった制度だが，自活できる金額には到底及ばず，家族に扶養されることを前提としていた。また施設の生活は，社会からの隔離を意味していた。どちらも「社会的な排除」を前提とした制度であり，一人ひとりの障害者が尊厳を持ち，地域社会で自立して暮らすことを保障するものではなかったのである。

　このように日本政府がとってきた福祉政策は，社会的な排除を伴うものであった。ただ，こうした政策がとられたのは日本だけではなく，また，それを変えていこうという障害者の要求も世界中で行われてきた。障害者を社会から排除するのではなく，地域の中で一人の人間として普通に生活を送れるようにするべきという考え方は，「ノーマライゼーション」と呼ばれており，1950年代に北欧で提唱されたものである。「ノーマライゼーション」の理念は，世界中に広がっていき，日本でも1960年代後半から障害者の当事者運動の理念となっていく。これに応える形で，政府は大型入所施設を解体し，地域生活への移行を進める「脱施設化」政策へと徐々に転じていくことになる。具体的には，小規模グループホームの開設や訪問看護・介護などの在宅ケアサービスの充実，バリアフリー化による物理的障壁の除去，そして，同じ学校内への特別支援学級の設置など，障害者の社会参加を非障害者と同等のレベルに高めていくための段階的な取り組みがされてきたのである。まだまだ

課題はあるが，障害を持っていても自立して社会の中で暮らしていく環境は次第にできてきた。

　なお，こうしたノーマライゼーションの理念を起点に昨今の合理的配慮などの考え方の背景にあるのは，「障害の社会モデル」という視点である。これは「障害の個人モデル」に対置されている見方である。「障害の個人モデル」とは，障害者が直面する様々な困難をまずは障害者自身の努力によって克服すべきとの考え方で，「障害の社会モデル」とは，この考え方に異議を唱える形で出されてきたものである。「障害の社会モデル」は，障害を社会のあり方が生み出した障壁と捉える。例えば，建物の2階に上がるのに，階段も何もなければ，非障害者であっても車イスが必要な人でも等しく困難だろう。たまたま，たいていの建物には階段があるので，非障害者とされている人間は登れる。多数派の人間の特性に合わせて，不都合が生まれないように工夫がされているのである。車イスの人が2階に上がれないのは，建物がその特性を考慮に入れた設計になってないからであり，本人の問題というより，社会が車イスを必要とする人の特性を考慮しなかったため生まれた障害であるともいえる。こうした「障害の社会モデル」に則って考えることで，障害者も非障害者も同じ人間として等しくサービスを受けることができる社会の理念（ノーマライゼーションや合理的配慮）が生まれてきたのである。

　このように，生活を支えるための支援やバリアフリー化を進める動きはある程度進んできた。前述したように，政策により市場に働きかけ，障害者の一般就労を推進する雇用促進法による枠組みもある。だが，雇用促進法だけではなかなか仕事を得られない重度の障害者にとっては，これらの政策では不十分であった。「労働の場」は，自分の社会での役割を確認したり自ら自由に使える現金を得たりすることができる場でもある。サービスを受けるだけの存在ではない対等な存在として社会に参加するための場としても，労働の場は重要なのである。では，一般的な就労は難しい重度の障害者は，どのように「労働の場」を獲得することができるのか。日本で，この課題に応え

る努力をしてきたのが,次節で述べる「共同作業所」であった。

3 障害者に「福祉的就労の場」を生み出す社会的企業
―― 共同作業所運動の歴史から

(1) 共同作業所が生み出した「福祉的就労の場」

　共同作業所は,障害者とその家族,支援者などに支えられた「コミュニティ基盤型」の社会的企業として始まった。共同作業所は,通常,企業の下請けの業務や,パン,クッキー,石けんなどを作る場としてある程度の収益を上げつつ,障害者が自分の役割を確認しながら居場所や工賃を得る「労働の場」を提供する。このような就労のあり方は,一般市場での労働とは異なる「福祉的就労」と呼ばれている。福祉的就労を行う共同作業所は,次第に自治体や政府の補助を得ることができるようになる。社会福祉事業の一部を担う「公共サービス参加型」の社会的企業の側面も持つようになっていったのである。

　共同作業所は,1960年代後半に始まり,その後急速に全国に広がり,現在では支援法の事業の主要な担い手として期待されるようになってきている。ここでは,まず共同作業所のその先駆けとなった「ゆたか福祉会」と共同作業所連絡会の事例をみてみよう。

　「ゆたか福祉会」は,教育課程を終えた後の重度障害者が福祉の対象となるだけという状況を問題視した当事者家族と大学教員が担い手となり,名古屋市で1967年に始まった。当時は,一般就労に就くことのできない障害者に対しては,政府が社会福祉事業法（現・社会福祉法）に基づき設置した「授産施設」もあった。こうした授産施設は,政府の資金により社会福祉法人により運営されており,必ずしもノーマライゼーションの考えに則ったものではない。さらに圧倒的に数も足りず,新たに教育課程を終えていく重度障害者を受け入れる「働く場」は皆無であった。こうした状況の中で,「ゆたか福

社会」は，次のような目標を掲げて設立された。それは，①労働保障を権利として捉えること，②仲間（利用者）の限りない発達を目指す，③職員集団の発展と民主的運営を作業所運営，④地域・社会づくりとしての施設づくり，⑤障害者問題を国民的課題として捉えるための普及啓発，である。この目標にみられるように，単に重度障害者に居場所を与える場だけではない。障害者を対等の一員とみなす社会を実現するための啓発活動，地域・社会づくりなどに取り組むなど，社会運動としての側面も持っていた。

　「ゆたか福祉会」は，同市にある中小企業の一角を借り受けて，名称を改めて「名古屋グッドウィル工場」として，輸出用のドラム楽器の組み立ての下請け作業を開始した。当初は特殊学級（現・特別支援学校）の卒業生7名，在宅生活を送っていた2名の知的障害者，職員2名であったが，事業が順調に進み，1年も経たないうちに障害者は12名，指導員は4名まで増員した。しかし，発注元の会社が倒産し，工場も廃業状態に陥ってしまう。その中で，働く障害者のいきいきとした姿，「働きたい」という要求，それを見守って来た保護者の思いが重なり，継続させていくために，行政に訴えていった。この頃から，「障害者の労働を権利として保障することを要求し，その実現には，運動が必要である」ことが意識されていった。そして「親会社がなくても働く場を継続して運営できるようにすること，もっと多くの市民に支えられ名実ともに共同の作業所を建設していこう」と考え，障害者の労働の場が作られていった。この運動は，保護者，教員，障害者が働く場を要求する障害者労働運動の原点ともいえる『共同作業所運動』の始まりでもあった。

　その後，「ゆたか福祉会」のような社会運動の側面を持つ団体が各地にいくつか生まれていった。1977年には，16カ所の共同作業所が集まり全国共同作業所連絡会を組織している。共同作業所連絡会などの共同作業所運動は，共同作業所の運営への補助を「本来の責任主体」である政府に求めていく。実際に共同作業所の活動は，1977年度から国の補助費対象事業となり，これとほぼ同時期に各地方自治体でも補助金制度が導入されていく。その後，共

同作業所は年間300カ所のペースで新設されるようになり，2004年段階には全国で約6,000カ所が活動することになる。こうした団体の多くは任意団体やNPO法人格を有した団体として設立されている。

　共同作業所は，それまでは施設や家の中に閉じこめられていた障害者に，まがりなりにも社会参加する場を生み出してきた。そして，自治体や政府の資金を活用する公共サービス参加型の事業を実施，同時に市場で収益事業を展開することで障害者も不十分ながら工賃を得ることができた。共に働く「福祉的就労」の担い手となり，障害者の労働参加を実現する空間を生み出してきたわけである。ただ，それぞれの共同作業所の収益活動の質や収益性にはばらつきがある。企業の下請け業務はともかく，パンやクッキーを製造する場合の販路は，活動の支援者や共感者であることも多い。共感的消費者に依存する分，マーケットは限られている。そもそも一般就労になじまない重度の障害者が，簡単に多額の収入をあげることはできない。このため運営に補助金を得られるようになったとしても，障害者に支払うことができる金額はそう簡単に増えるわけではなかった。

（2）障害者総合支援法の中で

　福祉的就労の場づくりという社会福祉事業の一部を担うことで公共サービス参加型の事業を始めた共同作業所は，補助金をもらうと同時に一般の市場を対象とした収益事業にも取り組んでいる。2006年に施行された支援法の枠組みの中で，制度的な位置づけは変わっていくことになる。まず事業の目的だが，福祉的就労の場づくりだけではなく一般労働組織への「就労支援」にも重点が置かれるようになる。さらに，公的資金を得る方法が補助金から，利用者の人数に応じて支払われる形式に変わっていった。新たな仕組みの中では，どのようなサービスを受けるかは利用者が自ら選ぶ。事業者はどのサービスについて何人の利用者がいるかで受け取る金額が変わることになる。つまり，利用者に選択されるかどうかにより公的資金の投入が決まるという

「準市場」を用いたものに変わったのである。

　支援法の目的は，「社会参加の促進」と「財政支出削減」である。まず，「社会参加の促進」としては，「保護から就労へ」を合い言葉に労働への積極的参加を支援し，同時に生活面においても自立支援を意識したものとなった。就労移行のためのサービスを提供するなど，労働への積極的参加を支援することが重視され，同時に自ら生活支援のためのサービスを選択することができるなど，自らの生活を自己決定できる制度へ発展してきたのである。共同作業所が担っていた「福祉的就労の場」の提供という役割は，支援法の枠組みでは，「就労支援」という色彩も持つようになった。この制度改正は，その一方で，政府の財政状況が逼迫している中で，「財政支出削減」を実現することを念頭に置いたものでもあった。生活保障をした上で社会参加を進めていくための福祉的就労だけではなく，経済的自立を促すことで生活保障の支払いを削減するという「就労ありきの福祉（ワークフェア）」政策の色彩も持つようになってきたのである。

　では，この制度改正はこれまでの共同作業所にどのような影響を与えたのだろうか。まず，これまでの「福祉的就労の場」は，「就労継続支援B型事業（以下，B型事業）」と「就労継続支援A型事業（以下，A型事業）」という事業として位置づけられた。B型事業は，比較的障害が重く，通常の職場では働けない人を対象とし，仕事や就労に就くための支援を提供する事業である。ここでは，障害者は労働者ではなく「利用者」とみなされ，工賃をもらい利用料を払うことになる。厚生労働省によると2013年，現在およそ13万人が利用し，月平均で工賃1万4,190円（時給換算176円）を得ている。A型事業は，通常の事業所での就労は難しいが，ある程度の支援があれば働くことができる障害者を雇用するもので，雇用契約を結び，例外措置はあるが原則最低賃金以上を支払うこととなっている。1万3,000人がA型事業所で働いており，月平均6万8,691円（時給換算724円）を得ている。さらに，新たに加わった事業が「就労移行支援事業」で，就労のための教育・訓練を受ける

事業である。工賃などの支払いはなく，原則として利用料を払わなくてはならない。期限は2年で，その後は通常の就労の場を見つけることが想定されている制度である。現在，約1万6,000人が利用している。

　支援法のもう一つの特徴は，準市場を導入したところにある。一般に，準市場は一定の基準を定めた上で，開かれた競争による事業の効率化や利用者の自主的な選択を保障するために用いられる。支援法でも一定の統一的な基準を満たせば，利用者を集めることができるかどうかだけが問われることになった。たとえば，B型事業の場合，施設要件（防火，作業場と療養所の配置など）や，障害者10人に対して1人の割合で指導員を配置するなどの基準を満たせば，障害者が1人利用するごとに事業所は給付を受けることができる。だが，こうした準市場は設計次第によっては，うまく成果につながらない場合もある。支援法についてもいくつかの課題が存在している。

　まず，「クリームスキミング（第1章参照）」の問題が考えられる。例えば，本来は，一般就労が可能な障害者であっても，福祉的就労に囲い込むことはないのだろうか。B型事業の利用者やA型事業の被雇用者に工賃や給与を払うためには，その事業所が収益をあげる必要がある。そのためには，生産性の高い障害者が事業所に残った方が望ましい。また，新規の障害者を入れ替えるコスト（一から作業を教える，利用者間の関係調整など）よりも，定員を確保することで給付を得るという経営判断もあり得るだろう。支援のコストが少なく，生産性の高い利用者を手放さないというクリームスキミングが起こる可能性をはらんだ制度ではある。この点において，厚生労働省助成平成20年度障害者保健福祉推進事業「新体系サービスの質の向上を目指した研究開発事業」（NPO法人福祉ネットこうえん会・職業能力実態調査実行委員会）が，2008年8月に実態調査を行い，全国の就労系福祉事業者93事業所，1,841名の障害者の職業能力と賃金水準についての回答を分析し課題を明らかにした。それは，雇用型での就労者の職業能力評価61.0%，賃金は7万6,397円に対して，非雇用型の利用者の職業能力評価は54.8%，賃金は2万2,550円。両

者の能力評価の乖離は1.11倍なのに，賃金の乖離は3.39倍にも達するという結果であった。つまり，仕事をこなすために必要な「知識」と「技術・技能」や，「成果につながる職務行動例（職務遂行能力）」を，業種別，職種・職務別に整理した職業能力評価と賃金が比例するのではなく，障害者が所属する施設によって賃金水準が規定されるということである。

　加えて，制度がどこまで障害者のニーズの充足を促進するものになっているのかという点があるだろう。例えば，給付の基準が利用者の数ということになれば，事業所は定員を充足することで経営が安定し，制度上，基準のない工賃や賃金などの障害者への支払いを軽視する可能性がある。とりわけ，労働法規外であるB型事業の平均工賃が低位しているのは，このことが要因の一つとして考えられる。もちろん，こうした課題も，準市場の原理に乗れば「利用者」に選択されることで解消するはずだが，現実に選択肢があるかどうかという点，そして，障害者一人ひとりがどこまで選択できる環境にあるかなどについても検証していく必要がある。これらのことは，障害者の自己決定に基づく選択を支援する権利擁護の仕組みが機能しているかどうかが問われることになり今後の課題でもある。

　こうした点を考えるならば，「利用者が選択するところがよい事業体となる」とだけ考える制度設計にも疑問が残る。準市場という形を維持するとしても，当事者や保護者，地域社会の関係者の参加などによって，組織の運営に社会的な視点が反映されるための組織のあり方も何らかの形で考慮していく必要があるかもしれない。この意味では，イタリアなどでみられる社会的協同組合を中心とした社会的企業のあり方は参考になる。イタリアでは，精神科医が1970年代から精神障害者の脱施設化運動を牽引してきた。そして，市民を含め多様な関係者が組合員として出資し経営に参加する非営利民間組織である「協同組合」という組織形態をとって精神障害者が地域社会での暮らしに必要な働く場を設立し運営してきた。これらの運動は広がりをみせ「社会的協同組合」として法的に位置づけられた。社会的協同組合は，①社

会・保健サービスおよび教育サービスを提供するＡ型と，障害者をはじめ刑余者，アルコール依存症など，②不利な状況に置かれた人びとの労働参加を目的とするＢ型の二つのタイプに分けられる（混合型は，二つの事業をかねている協同組合）。また，各自治体の裁量ではあるが，行政として社会的協同組合に対し，「優先的に商品・サービス」を発注するなどの支援を行うことで，障害者の福祉的労働や医療・福祉，教育などのサービスを住民が担うよう奨励している。1991年に「社会的協同組合に関する法律」が制定され2005年時点で，Ａ型2,737，Ｂ型2,727，混合型235の社会的協同組合が生まれ以降も増加している。

　なんにせよ，現状では，福祉的就労の場はまだ不十分であるといわざるを得ない。とりわけ，Ａ型事業のように最低賃金が保障されている場は限られている。現在在宅のまま生活している障害者は約200万人おり，毎年，教育課程を終えて社会に出てくる障害者のことも考えれば，福祉的就労の場への潜在的なニーズは少なくない。すでに福祉的就労の場に就いている障害者も，多くの課題に直面している。何よりも，経済的な困窮は深刻である。就労継続支援Ａ型やＢ型事業，就労移行支援事業，生活介護事業など福祉的サービスを活用している障害者およそ１万人から回答を得た「障害のある人の地域生活実態調査」（きょうされん 2012）では，障害基礎年金と工賃を併せて４万2,000～８万2,000円までの所得層が41％を占め，８万3,000～10万4,000円が28.5％と次いで高い。年収200万円を超える者はほとんどいない。経済的な厳しさもあって，扶養義務のある親との同居が大半を占め，かつ，休日の過ごし方も80％以上は，親，兄弟と過ごしており，日常の社会関係も限定的となっているのが実状である。

4 障害者の経済的・社会的統合に向けて
——これからの社会的企業の課題と役割

　障害者労働に関して共同作業所が主な担い手となってきた福祉的就労の場を本書でいうところの社会的企業の萌芽的活動として振り返ってきた。この福祉的就労の場は，支援法以降，就労支援制度が施行されることで準市場を用いたA型，B型事業へと移行することになった。そして，共同作業所の多くは公共サービス参加型社会的企業となる経緯をたどってきた。なお，現在は制度が体系化されてきたことで，共同作業所や公的な社会福祉事業に基づく授産施設，新規に事業参入する組織などさまざまな系譜を持つ組織によって福祉的就労の場が提供されており，これらは共同作業所と同様，公共サービス参加型社会的企業として位置づけることができる。これらの社会的企業が，今後，障害者の経済的に自立した生活と社会参加を実現するために，どのような役割が果たせそうなのか，またそれを実現するためには，どのような政策環境が必要なのかを最後に検討しよう。

　まずは，最低賃金以上を支払うことができる労働の場を増やすことである。さらにいえば，年金や手当てなどを基礎にしながら，障害者が地域で自活できる水準の賃金を得ることのできる仕事づくりが社会的企業には求められる。このためには，市場を対象とした事業の収益性の向上を目指す活動が必要である。実際に福祉的就労の場が，市場でも引けを取らないパンやクッキーを製造するなど，「より質の高い商品」を生産し市場での収益を高めることを目指し，経営コンサルタントなどを活用しながら専門性を向上させる努力が行われている。これらは重要な働きである。しかし，その一方で，収益力を上げることを優先することで，より重度の障害者を排除することにならないかなど注意すべきである。また，パンやクッキーといった市場競争が激しい分野で収益を安定的にあげていくことは，一般労働組織でも不確実性が高く，

労働環境（賃金や雇用の維持）は不安定にならざるを得ない。

　こうした中で，障害者の就労の機会を生み出している社会的企業の試みを支えていくための政策環境についても，さまざまな試みが開始している。まず，今後注目すべき枠組みとして，2013年に施行された障害者優先調達推進法に基づく取り組みがある。これは，国や地方自治体が調達を行う際に，供給元が法定雇用率を達成しているかどうか，障害者就労施設などから購入しているかなどを考慮しよう，というものである。この結果，障害者就労施設などが受注できる機会を増えることが期待されている。施行が始まったばかりの法律であり，現段階では評価は難しいが，今後，注目していく必要がある。なお，コラム2で紹介している「アドバンス西宮」は，B型事業，A型事業並びに一般的な雇用契約に基づく就労の場を一つ屋根の下で提供している。障害者は，まずB型事業で期間を定めた実地体験の機会を得る。そこで，本人と職務内容の適正や労働参加に対する意思を確認した上で，雇用契約に基づくA型事業や一般就労へと移行することができる。移行のために「アドバンス西宮」が定めている条件は，①通勤が可能であること，②本人がこの職務に就きたいという意思があること，その2点のみである。そして，西宮市独自で定めた指針に基づく随意契約により業務を受託することで障害者を含む労働者は平均8万〜10万円の収入を得ることのできる事業モデルを生み出しており，優先調達がもたらす経済的な自立の可能性を示している。

　ただし，障害者の社会参加を進めていくようになるためには，単に賃金や工賃を払えばいいというだけでは達成できない。それは，これまで無関心であった地域社会を構成する非障害者である地域住民と障害者が対等な関係を築けるのかという課題が残される。障害者の社会参加は，自らの選択と決定で地域生活を営む主体になり得ること，そのためには，ケア環境の充実はともかく，その前提には偏見や差別のない地域社会を実現することが必要である。障害者，非障害者が対等な社会関係をつなぐことはその一歩となる。この課題に対して，社会的企業が，地域の資源やネットワークをうまく組み込

み，新たな障害者の職場を作り出すことは有効な手段となり得るだろう。特に地域によっては，過疎による労働力不足に悩んでいるところもある。そのような地域でニーズをくみ取り，障害者の労働の場を作る試みは，各地で行われ始めている。これらの労働の場を開発していくプロセスには，障害者や就労を支援する専門職とともに地域ニーズの当事者である地域住民の参加がきわめて重要になる。地域ニーズの当事者である住民の参加なしでは，社会的企業が生産する何らかのサービスと地域ニーズの不一致が時間を追うごとに生じる可能性もある。また，住民参加を進めるアプローチは，障害者と無縁であった地域住民を巻き込み，障害者のための労働の場としてのみではなく，地域課題を障害者，地域住民がともに解決を目指す労働の場として社会的企業が位置づけられる。地域にとって必要な社会的企業の構成員となる障害者もまた地域にとって必要な人材となる。これまで，医療や福祉サービスに取り囲まれてきた結果，限定的であった障害者の社会関係が豊かになる可能性を秘めている。第4章で紹介している「リフレかやの里」の例はその一つである。

　とはいえ，現在の福祉的就労（A型事業，B型事業）では，専門職と利用者としての障害者の関係が制度上位置づけられている。こうした中で，滋賀県の「社会的事業所制度」や，大阪府箕面市の「障害者事業所制度」による社会的雇用を創出する試みは興味深い。これは障害者を高い割合（滋賀県は50％以上，箕面市は30％以上）雇用している比較的小規模の事業所に対して，運営費，援助者の経費，賃金などの支援を行うことで，非障害者と等しく労働契約に基づく障害者雇用を実現していこうというものだ。そして，支援法に基づくA型事業所だと，最低10名の障害者の雇用が必要だが，これらの制度では，4人（箕面市）もしくは5人（滋賀県）以上と比較的小規模でも実現できる。社会的事業所制度にしても障害者事業所制度にしても，制度の目的として単に生活保障だけではなく，障害者の社会参加の促進が謳われている。本章では，実際にこうした事業所の事例を検討する余裕はなかったが，これ

らの制度がどのように障害者の経済的・社会的統合を実現しているのかは検討の必要がある。なお，自治体の予算が限られていること，支援法との関係が不明確であることなど地方レベルの政策であるための限界はあるが，興味深い提案の一つである。

　障害者が同じ一人の人間として，共に暮らしていくことができる社会を作るのは，もちろん社会的企業だけの役割だけではない。一般企業における雇用の促進や差別の禁止，それを実現するための就労支援や研修なども不可欠となる。社会的企業の創意工夫と努力も求められている。だが，社会的企業や当事者たちの努力だけにすべてを任せてしまうことはできない。地域社会がどこまでこうした事業を支えることができるのか，協同組合など住民参加型組織経営のあり方を模索することや，優先調達や経営支援，公的資金の投入などでどのように力づけていくことができるかなど，社会全体で取り組むべき課題も多い。そのための制度設計は，まだ始まったばかりであり，いくつかの課題も投げかけられている。これらの制度が，障害者の社会参加を本当に実現していくことにつながるのか。今後の日本の社会的企業全体の未来を考える上でも，障害者の社会参加のための社会的企業の役割とその支援制度のあり方をよりよいものとしていく必要がある。

注
(1) 本章において障害者は，物理的，精神的，文化的側面を含む社会的障壁によって活動に制限を受けるものを障害者として位置づけている。この障害者の対置概念として「健常者」が用いられることが多いが，この健常者という概念では，障害を能力と結びつけて論じる個人的要因としての機能疾患があるものを障害者，ないものを健常者として区別する用法である。そのため，社会的障壁によって何らかの活動制約を受ける者を障害者とし，機能疾患はあっても活動制約を受けないものも含めて，それ以外を非障害者として表記している。

参考文献
岩田正美（2008）『社会的排除——参加の欠如・不確かな所属』有斐閣．

川本健太郎（2013）「就労困難者の社会参加を促進する社会的企業に関する研究——医療福祉実践から障害者就労の場を創出した実践事例の分析を通して」『ソーシャルワーク研究』39-1, 相川書房。

きょうされん（2012）「日本の障害の重い人の現実」(http://www.kyosaren.com/investigationInfo/chiikiseikatujittai_saisyu20121001.pdf, 2014年12月10日アクセス）。

厚生労働省（2014）『厚生労働白書　平成26年度版』ぎょうせい。

定藤丈弘・岡本栄一・北野誠一編（1993）『自立生活の思想と展望——福祉のまちづくりと新しい地域福祉の創造をめざして』ミネルヴァ書房。

滝村雅人（2002）「運動体としての共同作業所」『名古屋市立大学人文社会学部研究紀要』13, 67-83頁。

特定非理活動法人共同連編著（2012）『日本発共生・協働の社会的企業』現代書館。

ふくしネットこうえん会（2008）「厚生労働省助成平成20年度障害者保健福祉推進事業『新体系サービスの質の向上を目指した研究開発事業』」厚生労働省。

藤井敦史・原田晃樹・大高研道（2013）『闘う社会的企業』勁草書房。

Andereus, Michele, Carini, Chiara, Carpita, Maurizio and Costa, Ericka（2012）, "La cooperazione Sociale in Italia 'Over view'", *Euricse Working Paper*, no. 27/12, Availabre online: http://earices.eu/site/eurices.eu/files/ab-uploads/documents/1331543460_n1984.pdf（2014/12/10）.

コラム2

障害者の雇用創出と労働統合型社会的企業
——アドバンス西宮

　アドバンス西宮とは兵庫県西宮市にある NPO 法人西宮障害者雇用支援センター協会，アドバンス株式会社，一般社団法人障害者雇用支援センターの3法人の総称で，重度障害者と高齢者の協働を実践する社会的企業だ。1986年にアドバンス西宮の前身となる正進清掃サービスセンター企業組合は市の失業対策事業を行う一つの事業所として設立された。失業対策事業を展開する中で，たまたま障害者を雇用する機会があり，高齢者だけではなく，重度障害者就労も行うことになった。そのノウハウを生かして失業対策事業終了後，アドバンス西宮は市内の公共施設や公園の除草清掃を主に行う重度障害者多数雇用事業所として発展することになる。現在，71名の障害者を雇用し，「労働」から障害者の自立を目指す取り組みを行っている。

　障害者の就労，特に「働きたい」という障害者の雇用を促進する公的な制度には，割り当て雇用制度，差別を禁止する制度，優先雇用，保護雇用さらには賃金補填などの補助制度がある。日本では従来から割り当て雇用制度が実施されており，職業訓練やジョブコーチなどの一般就労に向けた支援が整備されてきた。また近年では障害者雇用促進法の改正や障害者自立支援法（現・障害者総合支援法）の制定により，就労による自立が目標として掲げられ，就労支援が強化されている。しかし，川本が第3章で論じたように，障害者の法定雇用率の達成企業は約45%で，営利の最大化を指導原理とする企業では，最も重要な経営資源である人材に，障害者を雇用するよりも，納付金を支払う経営的合理性が高いなど障害者の能力を高めることの限界もデータの中から読み解くことができる。また，就労している障害者でも授産施設や小規模作業所を利用する福祉的就労と呼ばれる働き方をする人が多いのも現状である。そこでの就労は2007年から「厚生労働省　工賃倍増五カ年計画」が実施され工賃の底上げが図られたものの，就労継続支援B型事業では月々1人当たりの平均工賃が1.3万円と一般的な働き方とは大きな差がある。障害者の就労の促進のための多様な制度や支援が展開されてきているにもかかわらず，実態をみると期待される成果があがっていない。「働きたい」という障害者であっても，職業能力や収益性が優先される市場との関係では「働けない」とされ，「働きたくても働く機会がない」状況が続いている。

　アドバンス西宮で働く障害者の多くは「働きたい」と希望しながらも，一般就労が困難な重度障害者である。「働けない」とされてきた重度障害者であっても，適切な労働環境を整備し，時間をかけて協働することで働くことができるというモデルを約20年間かけて確立してきた。アドバンス西宮ではほぼすべての障害者が就労継続支

コラム2　障害者の雇用創出と労働統合型社会的企業

A型事業を利用し，雇用契約を結び，最低賃金以上の給料をもらいながら働いている。また就労継続支援B型事業の利用者であっても，最低賃金をもらいながら就労している。

アドバンス西宮は「働きたい」という本人の意志が就労の条件として設定している。就労モデルは三つの段階があり，「働きたい」と希望する障害者は①現場実習で，仕事が自分に合っているのか，作業を行うことができるのか，などの確認を行い，本人の意志と，作業の内容のマッチングを行う。現場実習の終了後，②就労継続支援B型事業では働く現場でのあいさつやマナーなどを取得しながら働くことを習慣づけていく。働いた経験がない，長い期間のブランクなどで毎日働き続けることが困難な人のために，日数や時間帯などを相談しながら働くこともある。働くことが習慣づくと，雇用契約を結び，③就労継続支援A型事業の利用に移行する。中には仕事をしながら資格を取るなどして，別企業への就職に挑戦する人もいる。

重度障害者が給料をもらい働くことができる環境を整えるためには，行政とのパートナーシップが重要である。西宮市は高齢者の雇用創出を目的とした失業対策事業を終了させ，新たな雇用施策として2008年に，障害者の雇用創出を目的とした「西宮市障害者雇用促進企業及び障害者支援施設等からの物品等の調達に関する取扱指針」を独自に定めた。これに基づき，以来アドバンス西宮は特例随意契約として市内の公共施設や公園の除草清掃を受注し，年間約3億円の仕事が生まれている。

西宮市が障害者の就労施策として，全国に先駆けて制定した指針に基づく随意契約によって安定的に仕事を確保できることがアドバンス西宮の重度障害者の働く環境の整備の大きな要因になっている。一方で障害者の雇用創出という西宮市による政策的意図だけでなく，アドバンス西宮の長きにわたる重度障害者の就労支援におけるノウハウや実績の積み重ねが市の指針の根拠となっていることを忘れてはいけない。

前述したように障害者就労では職業能力を高めることへの限界と市場で収益性をあげることの限界が大きな課題となる。公的責任による雇用創出と障害者多数事業所としての実績の二つによってアドバンス西宮は成立している。

障害者就労問題では一般就労と福祉的就労の分断が大きな課題とされ，その中で一般就労と福祉的就労の間の第三の働き方が模索されている。アドバンス西宮が取り組む重度障害者の雇用創出もその一つの働き方の提案である。そして，その働き方を支えているのは行政からの支援である。行政とパートナーシップを結びながら，障害者の雇用創出を行うアドバンス西宮は社会的企業の好例といえるであろう。また，市場競争から脱落しやすい人たちの雇用創出のためには，公的責任をいかに明確に示すのかという課題をこの事例は提示している。

（竹内友章）

第Ⅱ部　実　践　編

第4章 コミュニティとの関係から生まれるしごとづくり
——リフレかやの里

橋川健祐

1　リニューアルオープンしたリフレかやの里

　2011年10月，京都府北部の過疎化が進む町で，一度は閉園となった宿泊型保養施設リフレかやの里がリニューアルオープンした。聞けば障害者がスタッフとして働いているという。広々と足を伸ばせる大浴場を兼ね備え，町内で初となるバイキング形式のレストランは地元の農産物の素材を活かすために「薄味で，やさしい味」をコンセプトに仕立てたメニューが大好評で，地元住民を中心にリピーターも多い。皮を一切入れない果汁100％のみかんジュースをはじめ，にんじん，りんご，ナシ，しそなど地元で採れる新鮮な野菜や果物を使ったジュースは，併設する農産加工所で作られたものだ。地元産のコシヒカリで，有機質肥料を使って栽培されている「京の豆っこ米」を使ってつくる米粉パンも柔らかくもっちりしてついつい食べ過ぎてしまう代物である。

　この「リフレかやの里」の施設経営を町の指定管理者制度により任されるようになったのが，社会福祉法人よさのうみ福祉会（以下，福祉会）だ。これは，障害者，その親や特別支援学級の先生，地域住民とともに障害者の労働と生活を保障するための場と地域社会づくりを進めてきた長い歴史を持つ団体である。

　本章では，第3章で取り上げた「障害者の労働参加」という社会的課題の解決に取り組む団体として，福祉会の事例を取り上げる。とりわけ，福祉会がその理念の実現を目指す上で，どのようにして「リフレかやの里」を，障

害者の就労の場としてよみがえらせ，運営を行っているのかを明らかにする。なお，本章で扱う事例は，第1章の枠組みでいうと主として「公共サービス参加型事業」に該当するが，「コミュニティ基盤型事業」の要素も持ち合わせた事例として，その内容をみていきたい。

2　リフレかやの里の起業とミッション

(1) 運動とともに歩んできた法人の歴史

　福祉会は，2014年4月現在，京都府北部地域に20カ所もの障害者福祉事業の拠点を持つ，京都府内でも有数の大規模な社会福祉法人である。サービスを利用する人の数は700名を超え，約290名のスタッフがそのサポートをしている。

　福祉会が，ここまで大きな法人となり，リフレかやの里の指定管理を受け，再スタートさせるのは2011年のことだが，法人の歴史は，その設立以前から含めると40年以上も遡ることができる。

　1969年，京都府北部地域で初の養護学校（現・特別支援学校）となる京都府立与謝の海養護学校の高等部（2011年4月より京都府立与謝の海支援学校。以下，養護学校）が設立，仮開校し，翌年度には本格開校した（青木 1997：39）。すぐさま問題になったことは，子どもたちの卒業後の進路のことであった。障害児たちの親，養護学校の先生らの強い思いをもとに，労働と発達を保障する場として，1975年，京都府で初となる無認可の共同作業所，「おおみや共同作業所」（現・NPO法人おおみや共同作業所が運営）が開設される。それを契機に，丹後エリア内に次々と共同作業所の設立が広まっていく。

　時を同じくして，重度障害者が働く場，障害者の親亡き後の支援などが不安の声として上がってきた。労働と発達に加え，生活をいかに保障していくのかが課題になったのだ。そこで，養護学校が始まった当初からの構想であった働きながらその場所で生活ができる「労働生活施設」を作ろうという機

運が高まった。そのためには、組織としての基盤強化を図る必要があったため、1980年12月、社会福祉法人格を取得するに至った。

本格的に労働と生活の場づくりを進めるため、1983年に「野田川町に障害者の労働生活施設をつくる会」が発足する。14年もの歳月を経て、その間、3カ所の地域で反対に遭いながらも、1997年に労働生活施設として、障害者福祉センター「夢織りの郷」が開設された。

このように、福祉会は、京丹後エリアという京都北部の地域で、どんなに障害が重くても生活、発達、そして労働を保障するために、障害のある子どもたちの親、教員が中心になって運動を伴って組織化されてきたという経緯を持つ。また、時には地元住民からの排除の目にさらされた経験も持ちながらも、反面、期待を背負ってきた組織でもある。このあたりは、第3節で詳しく触れていきたい。

(2) 与謝野町におけるリフレかやの里の位置づけ

京都府は、府域を6つの障害保健福祉圏域[3]というエリアに区分している。リフレかやの里がある与謝郡与謝野町は、京都府の最も北に位置する2市2町の人口約10万5,000人の丹後エリアに属している。

与謝野町は、人口2万3,492人、世帯数は9,130世帯（2014年4月1日現在）で、2006年3月に、加悦町、岩滝町、野田川町の旧3町が合併して誕生した。古くから伝統織物で知られる丹後ちりめんの生産地として知られており、かつては山陰地方から集団就職するほどのにぎわいをみせたこともあったそうだが、織物業の衰退とともに雇用機会が現象し、若者の流出が進むとともに、高齢化率も32.1％と年々その割合も上昇を続けており、産業の振興、雇用機会の創出は大きな課題となっている。

そのような中、「安全・安心快適な住みよいまち」「地域とコミュニティを育むまち」「教育・子育て支援と福祉のまち」「産業振興と起業を応援するまち」「無駄のない行財政運営のまち」の五つが、与謝野町のまちづくりの重

点テーマとして掲げられた。リフレかやの里の再生事業は，4点目の産業振興施策の中でも重点事業としても位置づけられた。[4]

(3) リフレかやの里の起業と理念

　そもそもリフレかやの里は，1998年に，旧加悦町が農林水産省の認可を受けて「食と健康」をテーマに旧加悦町の観光と農村振興の両立を謳った総合的保養施設としてオープンしたものである。運営は，ある第三セクター団体に任されスタートし，その後，株式会社が指定管理を受けて引き継いできたが，重油の高騰，経済の低迷期と重なり，10年後の2008年に閉園。

　同時期，周辺地域では機織工場の激減により地場産業はますます衰退し，[5]特に2000年以降，比較的障害の軽い人，特に一度は一般就労の経験を持ちながらも福祉事業所を利用する障害者の数が増加した（黒田・社会福祉法人よさのうみ福祉会 2012：82-84）。福祉会では，この間も，新たな仕事づくりを行うために農業や農産加工等の取り組みを始めてきたが，そういった人びとに，以前働いていた職場と同じくらいの給料を支払おうとすると，それまで法人で受注，開拓してきた仕事だけでは難しさを感じていた。とはいえ，一から自分たちで仕事を立ち上げることにも，財政面や経営面で厳しい中，限界を感じていた。

　そんな時に舞い込んできたのが，遊休施設になっていた「リフレかやの里」の指定管理者を公募するという話であった。2009年3月のことである。指定管理であれば，初期投資を大幅に抑えられること，運営をしていく上でも一定の資金確保が保障されることから，すぐさま申請手続きに入った。公募には複数団体の応募があり，選定委員会では，6月議会に指定管理者候補として提案する団体として福祉会が選ばれた。しかし，提案を受けた町議会では，浴場廃止を盛り込んだ計画案に対し，浴場を含めた再開を望む住民の声が多いことなどを理由として，賛成少数により否決されることになった。

　翌2010年5月末，町から非公募で福祉会を指定管理者候補としたい旨，提

資料 4-1　正面から見たリフレかやの里の概観

案があった。その背景には，一日でも早いリフレかやの里の再開に対する地元の強い要望があったという。そして，その運営は，安心して任せられる福祉会にお願いをしたいという思いがセットになっていた。その後の9月議会では，浴場の再開も盛り込んだ計画案により賛成多数で承認され，準備期間を経て2011年8月，地元へのお披露目会を皮切りにプレオープン，10月には，障害者もそうでない人も一緒に働ける職場として，「リフレかやの里」がリニューアルオープンを果たした。

（4）リフレかやの里の事業内容

リフレかやの里では，食品事業（レストラン，パン工房），宿泊業，入浴業，農産加工業，その他物販事業を行っている。このうち，レストラン事業，宿泊業，入浴業を障害者総合支援法に基づく就労継続支援A型事業として，パン工房，農産加工業を同B型事業として展開している。以下，それぞれの事業の概要を紹介する。

第4章　コミュニティとの関係から生まれるしごとづくり

1)　「森のレストラン」(ランチビュッフェ，ドリンクバー)／就労継続支援A型事業

　リフレかやの里の事業の中で最もリピーターが多く，人気があるのが地産地消をウリにしたランチビュッフェ事業である。時間は90分制で，幼児は580円，小学生は880円で，大人は1,600円だが，65歳以上の高齢者は1,280円と高齢者にとってはお得感がある。

　「和」をモチーフにしたオリジナルメニューは，地元で季節ごとにとれる野菜で作られるサラダや惣菜をはじめ，から揚げや天ぷら，魚の煮つけなど，素材を活かすために薄味で仕上げられる。地元産のコシヒカリ「京の豆っこ米」の白ごはんもさることながら，郷土料理の一つで，サバのそぼろや錦糸卵，かまぼこや椎茸などが入った「丹後のバラ寿司」は人気メニューの一つだ。

　食後は，デザートはもちろん，有機栽培コーヒー，そして併設の農産加工所で作られるりんご，みかん，しそ，なしなどの果汁100％の無添加ジュースが好評である。食事をしない人は，ドリンクバーのみの注文も可能である。最大で80席(ドリンクバーのみのスペースが他に22席)あり，ピーク時は，老若男女問わず大いに賑わいをみせる。

2)　「森の宿」／就労継続支援A型事業

　宿泊施設は，全部で8部屋あり，28名が宿泊可能となっている。洋室は，ラベンダー，カモミール，レモングラス，ミント，セージ，ローズマリーの6部屋(各ツイン)，和室は，つばき，ひまわりの2部屋(6畳，6畳＋8畳)がある。宿泊費は，1泊2食付で，1名であれば7,035円，2名以上で5,985円，1泊朝食付で，1名当たり5,460円，2名以上で4,410円とリーズナブルな価格設定となっている(2014年4月現在)。

　また，体育館が近くにあることから，ゼミや団体客の受け入れ対応も積極的に行っており，少し値段をプラスすれば，豪華和食の部屋食も可能である。さらに，大浴場には，フレッシュハーブの湯，ミストサウナなどを兼ね備え，ゆっくりと足を伸ばして体を休めることができる。もちろん，朝風呂も利用

3) 農産加工所／就労継続支援Ｂ型事業

　小規模事業としては京都府で初となる清涼飲料水製造許可を取得（2011年12月）した農産加工所は，木造１階の平屋づくりのフロアに製造ラインが整備され，ジュース，ジャム，ドレッシング，漬物等，地元食材を活かした加工品づくりを行っている。

　みかんやりんご，しそ，いちご，なし，トマト，にんじんなど，地元で採れる野菜や果物はなんでもジュースやジャムなどに加工される。中でもみかんは，皮を取り除いた上で加工されることから，甘くてスッキリした飲み口が定評だ。2013年の夏には，地元で農業を営む会社とのコラボレーション企画により，期間限定で小松菜ジュースを販売し，新聞にも取り上げられ話題を呼んだ。

　一方，自社製品の製造・販売は，ストックを持つことになり，売上により収益に影響が出ることから，今後は7:3から8:2くらいの割合で，受託加工を中心に行っていく予定である。2013年夏現在も，遠くは佐賀県からの受注を受けている。

4) パン・ケーキ工房／就労継続支援Ｂ型事業

　森のレストランの人気メニューにもなっている米粉パンは，地元特産のコシヒカリ「京の豆っこ米」を使用した米粉入りで，もっちりとした食感が味わえる。

　町内にある保育所のおやつパンとしての注文販売等も行っているほか，最近ではにクリスマスケーキやシュークリーム，エクレア，パウンドケーキの製造も行っており，広々として設備が整った製造室を活かそうと，菓子製造への展開も始めている。

(5) なぜこのような取り組みが求められるのか

　本章で取り扱う社会的課題は，「障害者の労働参加」についてであるが，

その捉え方については,第3章をご参照いただくとして,ここでは与謝野町の障害者を取り巻く環境について触れておきたい。

与謝野町の障害者数は,精神障害者保健福祉手帳の所持者は全国で2.5%であるのに比べ0.4%と低いが,身体障害者手帳の所持者は全国が2.9%であるのに比べ5.8%,療育手帳所の所持者は全国が0.4%なのに比べ0.9%とそれぞれ人口比でみると全国よりもその割合は高い[6]。とりわけ,前述したように当該地域は製造業である機織り業を主要産業としてきたことから,景気の低迷による産業不振の中で,離職者が後を絶たない。その多くは,より軽度の障害者,手帳を取得はしていないが障害と認定される可能性を持った潜在層であるといわれており,そういった人びとが近年増えているという。

福祉的就労の場としての共同作業所づくりは京都府内でも,全国的にも先駆けて取り組まれてきた経緯はある。しかし,雇用契約に基づき,最低賃金を保障する就労の場は,与謝野町を含む京丹後エリアにおいては,リフレかやの里を含め同じく就労継続支援事業所がもう1カ所あるだけである。

3　社会的企業としての事業類型とビジネスの仕組み

(1) 社会的企業としての事業類型

前述したとおり,福祉会が展開するこのリフレかやの里事業は,第1章の事業類型でいえば,主として「公共サービス参加型事業」に該当するが,「コミュニティ基盤型事業」の要素も持ち合わせた事例として捉えることができる。

まず,1点目の「公共サービス参加型事業」としての特性についてみてみよう。福祉会が最低賃金を保障し,雇用契約に基づく就労の場づくりを目指す上で大きな課題となっていたのが,初期の設備投資であった。本事業を始めるきっかけになったのは,すでにあった箱モノを指定管理者として受託する機会を得たことであり,そのことが大幅に初期投資を抑えることを可能に

した。厨房備品や食器類等，法人からも1,000万円ほどの支出はあったものの，施設改修や農産加工所の新設工事，機器の整備等に要した総額１億2,000万円の費用は，すべて町が負担した。

さらには，障害者総合支援法に基づく就労継続支援事業者としての認可を受けることで，訓練等給付費により職員の人件費を確保している。障害者の給与は，主として事業収入から当てられており，A型の利用者15名全員に最低賃金に基づき給与を支払うことを可能にしている。多い人で月に９万～10万円の給与を得ており，全国平均である７万1,356円を大きく上回る。また，B型の利用者９名についても，全国平均である１万3,586円程度であるのに対し，約２万5,000～３万5,000円を支払っている。

続いて，「コミュニティ基盤型事業」の要素にも触れておきたい。まず，リフレかやの里の再開は，福祉会として障害者の就労の場作りを目指すことはもちろんであるが，観光施設であり大浴場を兼ね備える施設の再開は，地元住民の願いでもあった。また，農産加工は，地元農家の協力があってこそ，成り立っているといえる。このあたりは，次節でより詳細に触れていきたい。

（２）事業規模と収益構造

2013年度の年間総事業費は，約１億4,400万円で，その財源の内訳は，収益事業による事業収入が約61％，障害者総合支援法に基づく就労支援事業収入が約27％，指定管理費としての補助金収入が約８％となっている。

事業収入の中で最も多い割合を占めるのが，地産地消をウリにしている食品事業であり，全体の収入の約65％がそれにあたる。続いて宿泊業が約13％，入浴業が約10％，その他農産加工業やパン・菓子工房を含む物販事業が約12％という割合になっている。

収支でみると，最も利益率が高いのは，事務，物品経費のかからない宿泊業である。これは，必要な経費がシーツや布団カバーなどのクリーニング代と清掃代のみで，材料費などが必要ないためである。逆に，最も利益率が悪

第4章 コミュニティとの関係から生まれるしごとづくり

いのは食品事業であるが，これは，質の高いサービス提供を行うために，またそのための指導を行うことができるように多めに職員を配置していることによる。A型事業の職員配置の全国平均値は利用者18.5人に対し職員5.5人であるが，リフレかやの里では，宿泊部門も含むがA型利用者の職員配置数は，利用者15名に対し職員6名という配置を行っている(7)。また，再開当初から2013年度末までの3年間は，プロの調理人をレストランの料理長兼スタッフ（障害者）の指導者として招き，雇用していたことも大きく影響している。3年契約のため，必要経費として中長期的には利益があがることを期待してのものである。続いて収益率が悪いのが，入浴業である。これはいうまでもなく，燃料価格の高騰によるものであり，今後も厳しさを増すことが予想される。ただし，入浴業については地域住民の強い意向によって指定管理業務の中に行政側の要望によって入れ込まれたものであることから，赤字分については行政による一定の補填が約束されている。

（3）リフレかやの里で働く障害者スタッフ

　リフレかやの里で働く障害者スタッフは，定員は20名だが，それぞれA型事業の利用者が15名（レストラン事業：8名，森の宿〔入浴事業含む〕：7名），B型事業の利用者が9名（農産加工所：3名，パン工房6名）勤務する。
　特にA型事業の利用者の障害の程度は軽度の人が多く，スタッフの採用は，応募を募った後，面接で判断される。また，法人内の他の作業所で働く人に「リフレかやの里でやってみないか？」と声をかけたこともある。ただ，A型事業での仕事は，当然ながらお客さんと接する機会が多いことから，中には仕事が合わずに，自ら元の作業所へ戻りたいと申し出る人もいる。また，お客さんと接するからこそ，管理者も一定の厳しさを持って指導に当たる。
　一方で，季節の変わり目等に体調を崩すスタッフも少なくない。場合によっては，無理をして結果的に長く休むことになるよりも，1日休んで翌日から元気に働いてもらった方がいいと，現場の職員の判断で休みをとってもら

第Ⅱ部　実　践　編

資料4-2　ランチビュッフェのメニューを準備しているスタッフ

うこともある。もちろん、他のスタッフ、または職員がその穴埋めをすることにはなるが、そのことがかえって、「自分がいないと困るんだ」「自分は、この職場になくてはならない存在なんだ」というスタッフのやりがいにつながっている。

　スタッフの中には、精神障害になったことで奥さんも子どもも出て行ってしまい、仕事も失ってやむを得ず実家に戻ったが、リフレかやの里で働くようになって、給与と障害者年金とでアパートを借りて一人暮らしを再開した人もいるという。今では、法人内の他の事業所で働く障害者にとって、リフレかやの里で働くことは、目標の一つになっている。

（4）品質へのこだわりと仕事のバランス

　品質へのこだわりも欠かせない。レストランでは、大阪からプロの調理師を料理長兼指導者として招いている。また、パン・ケーキ工房でも、2013年

1月からプロのパン職人を雇用している。

　また，これらのこだわりは食品事業に限らない。農産加工業では，材料の分量と，障害者の仕事量，それぞれ身の丈にあった分量の生産しか行わない。製造業では，経済合理性からすれば大量生産とコスト削減が利益を生み出すために当然のこととされてきたが，品質へのこだわりから，地元で入手可能な範囲でしか製造を行わないこと，また受託販売も行っているが，スタッフの人数と力量に合わせて仕事を受注するなど，簡単にいえば，「無理をしない」スタイルをつらぬいているのである。このスタイルは，品質とともに，消費者への信頼を保ち続けることにもつながる。

4　なぜビジネスが可能か

(1) 多元的な資金調達の仕組み

　リフレかやの里では，収益事業を展開する上で，また補う上でどのように資金調達を行い，ビジネスを支えているのであろうか。もちろん，すべてが均等ということではないが，財源構成のところでも触れたようにいくつかの資金調達の経路を持ち合わせている。

　一つは，町の指定管理者制度に基づく委託費である。二つは，準市場によるもので，障害者総合支援法に基づく報酬がそれに当たる。以上の2点が収益事業を支える資金調達の大半を占めるが，これら以外にも収益事業を支える資金調達のルートがある。

　その一つは，民間助成金である。リフレかやの里のオープン後，製品販売用の移動販売車，マイクロバスをそれぞれ別の民間助成財団への申請により獲得している。資金ではないがそれに変わるものとして，野菜や果物を労働の対価として，また安価に提供してくれる地元農家の存在も大きい。そして，何より心強いのが法人内に三つ組織されている後援会組織の存在である。リフレかやの里が属する与謝野エリアの後援会組織である「夢織りの郷を支

る会」は，約700名，1,200口を越える会員によって支えられている。障害者の親や学校の先生，近隣の住民などがその構成員で，バザーやフリーマーケット，古紙回収などを通して資金集めをし，公用車の寄贈をはじめとした資金援助を行ってきた。

このように，リフレかやの里は，収益事業を軸にしながらも，多元的な資金調達のルートを持ち合わせることでビジネスを成り立たせていることがわかる。

（2）行政とのパートナーシップ

行政とのパートナーシップも，リフレかやの里のビジネスに大きな影響を与えている。

福祉会は，これまでも事業を拡大してくる上で行政からのサポートを受けてきた。京都府で第1号の共同作業所である「おおみや共同作業所（現・NPO法人おおみや共同作業所が運営）」が開設されたのが1975年で，小学校跡のプレハブ教室を旧大宮町長が無償提供を表明したことが開設の後押しとなっている。また，同年に第2号となる峰山共同作業所が開設されるが，こちらも旧峰山町が公民館の一室を無償貸与することで実現してきた経過がある。もちろん，その背景には，障害のある子どもたちの親の会の度重なる行政との交渉，地道な署名運動があったことはいっておかねばならない。

その後も，行政からの土地や建物の提供は，作業所づくりを広げていく上で大きな後押しとなっていった。近年でも，平成の市町村合併により利用しなくなった町有の建物を作業所や相談事業所として低額で貸与を受けるなど，その支えは決して小さいものではないことがわかる。

そして今回のリフレかやの里の指定管理の話である。一度は議会で否決された公募の後，行政から非公募で話があったという今回の経緯は，これまでとは一転，行政側からの提案であることが重要である。そこには，バブル期のリゾート開発の波に乗って建設された宿泊型保養施設が，重油高騰と不景

気のあおりを受けて閉園に追い込まれ，遊休施設化した箱モノをなんとか有効活用したいという行政の思惑もあったに違いない。そういった思惑と，障害者も最低賃金を得て働く場をつくりたいという福祉会の思いが一致したのが今回のリフレかやの里の指定管理の話なのである。

（3）コミュニティとの関係

　リフレかやの里を運営していく上で何より重要になってくるのがコミュニティとの関係だろう。

　しかし，リフレかやの里を受託する以前から，コミュニティとの関係は，紆余曲折の道のりでもあった。特に，第1節で触れたように労働生活施設「夢織りの郷」の建設時は，実に14年もの歳月を経たわけだが，その間3カ所の地域で住民からの反対に遭っている。3回目の候補地では地元で2度の住民投票が行われ，いずれも反対票が上回った。転機は，4度目の候補地が見つかった後だった。それまで障害のある子どもの親や学校の先生，作業所の職員など，いわゆる関係者が中心となって地元との交渉に当たってきた。しかし，このときは，何の肩書きもない，7名の住民たちが有志で立ち上がり，34名いた地権者を一人ひとり説得して回ったという。そこには，これ以上地元の反対に遭って，障害者やその家族を傷つけたくないという思いとともに，機織り業が衰退する中，若い人がこの地域に残って働ける場をつくりたい，もう一度地域を活性化させたい，そのためには福祉で町おこしをしていくのだという願いが込められていた。最終的には，高齢化に伴い今後高まるであろう高齢者福祉のニーズにも応える形で，高齢者施設とセットで障害者の労働生活施設が実現されることになった。こういった一連の運動の経験が，リフレかやの里の指定管理者が公募されたときにも，福祉会に受託してほしいという地域住民の願いにつながっていったのではないだろうか。

　また，地元の農家の協力も大きな支えになっている。規格外の野菜や果物を有効に活用してほしいということでそれらを安く譲り受けている。中には，

みかん農家から摘果を依頼され，その代わりに採ったみかんを持ち帰らせてもらうといったこともあるそうだ。こういったことを繰り返してきた中で，農産加工の事業を拡大してきた。農家の人びとにとっても農協がやるべきことを代わりにやってくれているようなものだと，徐々にその関係を深めていくことになったという。レストランやパン工房でも，「地産地消」をウリに，地元食材を利用することを徹底していることが，地域経済の活性化に貢献していく上で重要なポイントになっている。

こういったコミュニティの支えに感謝し，福祉会がリフレかやの里の指定管理者として応募する際には，障害者の労働と生活の場を保障することに加え，法人として地域社会へ貢献することを理念の柱に据えた。これは，「リフレかやの里運営協議会の設置」という形で具体化されることになるが，リフレかやの里が行う事業やイベントなどに地域の関係機関が参画する仕組みとして，地区の区長をはじめ，中山間振興会，地元の中小企業や農業を営む会社，そして関係行政課などのメンバーで構成されている。地元の関係団体，そしてコミュニティとの関係を結ぶ，重要なプラットフォームになっている。

また，2014年3月から民間の助成財団から獲得した移動販売車を利用して，高齢化して遠出できない地区を回る事業を試行的に始めている。「自分で選んで買い物ができるのは，何年ぶりだろうか」と，両手に杖をついて家から出て来る人もいるそうだ。同じく別の民間助成財団から獲得したマイクロバスは，地域を巡回してリフレかやの里の大浴場に入りに来てもらうことはもちろん，ショッピングセンターを経由することで，買い物支援も兼ねて行うといったことを展開していく予定だという。

コミュニティに支えられてきた福祉会の歴史とリフレかやの里設立の経過の中で，その関係性は，「地域貢献」という事業の展開にまで発展し，両者はいつしか相互に提供し，求め合い，地域を活性化させていくという共通の思いを持ったパートナーになっていたのである。

5　コミュニティの多様な期待を背に

　以上みてきたように，福祉会は，「リフレかやの里」を，「公共サービス参加型事業」の枠組みを主軸にしつつも「コミュニティ基盤型事業」の要素も盛り込みながら，障害者の労働参加を実現させる社会的企業である。

　改めてここでいくつかのポイントを整理しておきたい。1つ目は，リフレかやの里が地域経済の循環拠点の一つになっているという点である。一事業所の取り組みのみで地域経済が活性化されたかどうかを単純に判断することは難しいが，地産地消をウリにし，また規格外の野菜や果物を加工し，商品として販売するなど，地域内経済の活性化に向けた拠点の一つになっていることは間違いないだろう。

　2つ目は，リフレかやの里事業が，リフレかやの里の再開を願った地元住民の思いと，遊休財産を活用したいという行政の思い，そして何より最低賃金を支払える障害者の就労の場を実現したいという障害当事者やその親，そして福祉会の思いが交差し，形作られてきたという点である。

　3つ目は，その仕事のありようである。「就労を通してコミュニティへ貢献する」というリフレかやの里の仕事そのものが，過疎化が進む地域をもう一度元気にしたいという地域住民の思いにストレートに応えていく可能性を秘めている。このことが，地域にとって必要とされる存在として，地域社会に統合されていく重要なポイントなのである。

　もちろん課題もある。現在，雇用契約を結び，最低賃金を保障しているA型事業での雇用枠は，レストラン業と宿泊業のみとなっている。すでに触れたように，お客さんと接する機会が多いことから，一定の厳しさを持って指導にあたることが求められる。商品やサービスを維持していく上では必要なことではあるが，能力主義との狭間でジレンマを感じざるを得ない。雇用定員の枠を増やしていくことはもちろん，新たな仕事づくりはこれからも模索

また，経営面では，初年度は約1,100万円の赤字を出し，法人内では必ずしも疑問の声がなかったわけではない。しかし，2年目は約1,000万円，3年目は730万円と赤字額は縮小しており，2014年度の単年度黒字化に向けて着々と歩みを進めている。予算的に厳しい福祉業界でこのようなチャレンジができるのは，法人の後ろ立てによるところが大きい。この間も，鹿肉と米粉パンを利用した鹿肉サンドや，町内の農業法人と小松菜を使った小松菜ジュースの開発を行うなど，新商品の開発にも余念がない。常にチャレンジを絶やさないことが，組織の活力を養う原動力になっているのである。

　福祉会が歩んできた道のりは，決して順風満帆といえるものではなかった。しかし，今も変わらず受け継がれているのは，「柱一本持ち寄って」という，京都府内ではじめて共同作業所が立ち上がった当初からの精神ではないだろうか。

　資本主義経済の中では，ややもすればお金がなんでも解決してくれるという幻想を抱きがちである。福祉会の取り組みは，お金がなければ自分たちでなんとかする，価値がないと思われていたものを資源として活用するという思いが関係性を生み，化学反応を起こしてきたものである。このことは，これからの社会的企業のビジネスのあり方を考える上でも非常に重要な視点になるであろう。

注
(1)　本書第3章参照。
(2)　働くことと暮らすこと（通勤寮や家族寮）が保障される施設づくりを目指して打ち出された造語。
(3)　京都府障害者基本計画（2005年3月）において設定されたもので，障害のある人に対する保健福祉サービスが，施策内容や市町村の人口規模などから，単独で実施困難な場合に，地域特性や人口規模などを踏まえ，複数の市町村を含む広域的な見地から施策の展開を図ることにより，府域全体のバランスのとれたサービ

ス供給体制，基盤の整備を推進する観点から，1998年11月から設定された圏域。
(4) 旧野田川町長でもあり，合併後，初代町長として太田貴美氏が掲げたまちづくりの重点テーマ。太田氏が町長を2期務めた後，3期目は立候補せず，2014年4月6日に執行された町長選挙の結果，同月16日から山添藤真氏が町長を務める。
(5) 「平成23年度与謝野町統計書」「平成24年度与謝野町統計書」によれば，織物業の事業所数，および従事者数は，1998年には事業所1,393，従事者数2,690人であったのが，2011年には事業所数539，従事者数1,059人まで減少している。
(6) 「与謝野町障害者基本計画（平成24年3月）」「障害者白書 平成25年版」より。
(7) 全国調査「コトノネ」VOL.06，2013年5月。再生リフレかやの里の配置状況は2013年8月時点。
(8) 当初から3年間の雇用契約を結んでおり，2013年度末で退職。

参考文献
青木嗣夫（1997）『未来をひらく教育と福祉——地域に発達保障のネットワークを築く』文理閣。
黒田学・社会福祉法人よさのうみ福祉会（2012）『福祉がつなぐ地域再生の挑戦』クリエイツかもがわ。
黒田学ほか（2012）「京都府与謝野町における障害者福祉と福祉ガバナンスに関する調査報告」『立命館産業社会論集』第47巻第4号。
与謝野町「平成23年度与謝野町統計書」。
与謝野町「平成24年度与謝野町統計書」。

第5章　ストリートチルドレンへの職業訓練
　　　　　——フレンズ・インターナショナル

川村曉雄

1　はじまりは、旅の途中でみた光景から

　フレンズ・インターナショナル（以下，フレンズ）は，現在，カンボジアを中心に，東南アジア各地で活動を展開している国際的なストリートチルドレン支援団体である。フレンズが全体で支援している子どもたちやその家族は，年間で2万7,500人にのぼる（2011年段階）。

　創立者であるフランス人のセバスチアン・マローがストリートチルドレン支援を始めたのは，1994年のことだった。日本への旅の途中で，アジアの最貧国の一つカンボジアに立ち寄ったのがきっかけである。首都プノンペンで友人とレストランでの食事を終えて出たところ，路上に段ボールを敷いて寝ている20人ほどの子どもたちの姿が目に入った。その横を黒塗りの高級車が次々と走り去っていく。自分たちの国フランスは，カンボジアの復興に多額の支援をしてきている。にもかかわらず，目の前に広がる貧富の格差。怒りを覚えたマローは，何かしなくてはと考え始める。

　まず友人たちと，路上の子どもに食事を提供し始めた。フランスパンを買ってきては，ハムをはさんでサンドイッチを作って配る。子どもたちは（食べ慣れないハムを捨てる子はいたが）よろこんで受け取った。しばらく後，同様の活動をしている人びとと情報交換の場を持つ機会を得た。その場で，子どもたちは，路上で暮らす限り1日に8回も食事にありつくことができるという事実が明らかになる。逆にいえば，自分たちの活動は，お腹のすいた子どもたちを路上に呼び寄せることになっていたのである。このままの活動を

第5章　ストリートチルドレンへの職業訓練

続けていても意味が無い。では，あきらめて旅を続けるのか？　それとも何か本当に役に立つことを始めるのか？　何日か悩んだすえに，選択したのがフレンズ（カンボジア名ミットサムラン）の設立だった。

　まず，マローは，カンボジア人に通訳を頼み，子ども一人ひとりから話を聞き取る。その結果，「教育」と「泊まる場所」をみんな求めているということが明らかになる。そこで，市内の中心部に小さな家を一軒借り，子どもたちの宿舎にすることにした。教育のための小さな教室も用意し，先生も雇った。子どもたちがぐっすり眠れるように，柔らかいマットレスも用意した。開設の日，どきどきしながら待っていると，17人の子どもたちがやってきてくれる。ついに活動が本格に始まった，と思った。でも，10日後，残っていたのは一人だけ。他の子どもたちは，「教室での授業」に意味を見つけられずに，路上に戻っていった。彼らが必要としていた「教育」は，どうも自分が考えていたのと違うもののようだ。せっかく買ったマットレスも，暑い夜には冷たい床にかなわず，誰も使わなかった。自分は子どもたちのことを全くわかっていなかったという事実を突きつけられたマローは，本当に子どもたちが必要としているのは何なのか，子どもたちはどんな状況で暮らしているのかを知るために，ふたたび子どもたちから話を聴き取ることにする。今度こそ，子どもたちの声を中心に，何が必要か一緒に考えていかなくては。その後，フレンズは，子どもたちによりそいながらその生活を支え，彼らの権利を実現するための活動を拡大していく。

　その後の20年で活動は次第に拡がり，タイのバンコクとアランヤプラテート，ラオスの首都ビエンチャン，インドネシアのアチェでもプロジェクトを展開するようになった。今では，フレンズ国際事務局と，それぞれの国の地域のプロジェクトを分けている。プノンペンなどいくつかの地域での活動は，組織としても分離，独立したNGOとしている。プノンペンの活動はミットサムランとして独立し，カンボジア人を中心に運営されている。フレンズ国際事務局は，専門的助言や海外の財団への助成申請支援などを行う形となる。

87

第Ⅱ部　実　践　編

2　カンボジアのストリートチルドレン問題

　マローがフレンズをプノンペンで設立した1994年当時，カンボジアは長い内戦の時期から抜け出し，やっと立憲君主国として再出発をしようとしていた。ベトナムとタイという地域の大国に挟まれ，東西冷戦のただ中にあって苦しんできたカンボジアも，冷戦が終わることでやっと安定への道を歩み始めることができたのである。1992年にパリ和平協定が結ばれ，民主的な憲法の下，総選挙も行われていた。だが，国内はまだ混乱を極めていた。希望とともに国外から帰国してきた難民は，住む場所も見つからず，その日の暮らしにも困る状態だった。一方，国際社会に復帰したカンボジアではさまざまなビジネスチャンスも生まれる。力とコネを持つ人びとは，新しい環境にすばやく適応し，豊かになっていく。都市と農村の貧富の格差が生まれ，食べられなくなった人びとは都市にとりあえず集まり，ストリートチルドレンも増えていった。

　カンボジアは，その後急速に経済成長を続ける。しかし，ストリートチルドレンの問題は，その後も続いていった。フレンズが他の5団体とともに2008年に行った調査をもとに，その概要をみてみよう[1]。

　まずストリートチルドレンとはどういう子どもたちを指すのか。この調査ではストリートチルドレンを①路上で暮らす子ども，②路上で働く子ども，③路上で家族と暮らす子どもに分けている。「路上で暮らす子ども」とは，家族から離れて路上で寝泊まり，仕事をしている子どもたちのことである。「路上で働く子ども」とは，家族と暮らしてはいるが，路上で物売り，物乞いなどの仕事をしている子どもを指す。「路上で家族と暮らす子ども」は，家族ぐるみで路上で生活している子どものことだ。なお，この調査では，18歳以下の「子ども」だけではなく，若者も対象としている。

　報告書では，カンボジアの主要な6都市のストリートチルドレン・若者を

第5章　ストリートチルドレンへの職業訓練

合わせると2万2,000人に達すると見積もっている。最も多いのは首都プノンペンだが，他の都市（例えばアンコールワットのあるシエムリアップなど）にも少なくない。ある1日に6都市で一斉調査を行うスナップショット調査によると，ストリートチルドレン・若者の内訳は59.7％が男子で，39.1％が女子，トランスセクシュアルが1.2％だった。

　この調査によると，プノンペンでは「路上で暮らす子ども」が18％，次に「路上で働く子ども」が65％，「路上で暮らす家族の子ども」が17％である。プノンペンでは，他の地域よりも「路上で暮らす子ども」が多くみられる。その背景の一つは，街中のスラムの強制撤去がある。立ち退きの結果，遠くの村に移された家族は，子どもに食い扶持を稼いでもらうために街に送り込む。子どもたちは，遠くの村にはそんなに簡単に帰れないので，路上で暮らすことになる。ストリートチルドレンとなった原因は「貧しさ」，都市への出稼ぎ，麻薬などが多い。中でも，麻薬は大きな問題である。麻薬に手を伸ばしてしまった子ども・若者が親と対立し路上に出てくることもある。逆に，親が麻薬に浸り，生活がなり立たなくなって子どもが路上に出る場合もある。ミットサムランの調査によるとプノンペンでは，ストリートの子ども・若者の41.8％が薬物（アンフェタミン，ヘロイン，シンナーなど）やアルコールを常用している。

　ストリートチルドレンは教育を受けていない場合も多く（プノンペンでの調査では約3割が学校に行ったことがなかった），お金のためにあらゆる仕事をしなくてはならない。多いのが資源ゴミの収集，物乞い，靴磨きなどである。ストリートの子ども，若者は，街のギャングの暴行や恐喝の対象ともなる。ストリートチルドレンが法に触れることもあるし，「街の美化」のために軽微な罪で子どもたちが逮捕されることもある。少年法の整備が遅れているカンボジアでは，刑務所などの施設に入れられた子どもたちの状況はひどい。教育の機会が与えられることはなく，大人と分けられることもない。社会復帰や教育・研修プログラムがない中で，刑務所から出た子どもたちが再び法

に触れる活動に戻ることも多い。

3　フレンズ・インターナショナルの活動
――プノンペンのミットサムランを中心に

(1) ミットサムランの活動概要

　フレンズは，ストリートチルドレンをどのように支援しているのだろうか。まず，プノンペンにあるフレンズ・インターナショナルの現地組織，ミットサムランの活動を中心にみていこう。

　活動はまず命を守ることから始まる。ミットサムランには，合計280名のスタッフがいるが，そのうち70名近くのスタッフが，ストリートや地域の子どもたちの支援のために活動している。その活動拠点は，プノンペンの各所に設けられたドロップインセンターで，ストリートの子どもや若者が気楽に立ち寄ることができ，簡単な医療措置を受けることもできる。ソーシャルワーカーやケース担当者は，バイクで現場を訪れ，子ども，若者，その家族の支援を行う。薬物依存に陥っている子ども・若者にはまず注射器を提供して，針の使い回しでHIVなどの病気に感染しないようにする。同様の理由でコンドームを配布し，使い方を教える。こうした活動から始めることで，彼らとの信頼関係を作り上げることができる。本人たちに薬物依存からの離脱の意志が生まれた場合は，薬物離脱プログラムに参加してもらう。また，子どもたちが勉強したいと思うようになった場合，学齢期の子どもの場合は，子どもたちが学校に戻れるように教育面での支援を行う。子どもを路上に送り出す家族に対しても，職業訓練，内職の機会の提供などの支援を行う。29人のケースマネジャーは，一人当たり平均で45件のケース（子ども，若者，その家族など）を担当している。

　プノンペンの市内の中心部には，大規模な研修センターがあり，850名の学齢期の子どもたちのための補習教室や600名の若者のための職業訓練が行

第5章　ストリートチルドレンへの職業訓練

資料5-1　研修レストランで働く若者

われている。補習教室では、子どもたちが、進級試験に合格して小学校に復帰できるように支援する。子どもたちが楽しみながら、自分たちの才能を開花できるように絵画、スポーツ、ダンスなどの授業もある。住民登録のない子どもたちが学校で受け入れてもらえるよう学校への働きかけも行う。

　若者には、職業訓練と識字教育、「生きる技術（Life Skills）」の研修が提供される。「生きる技術」としては、健康や病気の予防などについても学ぶ。職業訓練には、電気工、溶接、美容、理髪、ネイル、調理などがある。職業訓練の分野は、労働市場の需要を踏まえ選択しているという。ミットサムランは、職業訓練のカリキュラムを体系的に作っている。例えば調理研修だが、まずは研修センターの食堂の調理実習から始まる。ここでは、およそ1,000人の子どもや若者のための食事を作る。第2段階は、ミットサムランが経営するレストランのロムデンであり、そこではカンボジア料理を作る。第3段

第Ⅱ部　実 践 編

階はインターナショナルな料理を作るフレンズ・ザ・レストランでの実習となる。それぞれについて，教科書が作られている。また，それぞれでさらに3段階のレベルが設定されており，試験に合格しなければ次の段階に進めない。こうしたノウハウを作り上げたミットサムランとフレンズ国際事務局は，カンボジア政府の職業訓練のカリキュラム策定にも協力している。

　研修センターの電気工など他の職業訓練のための工房も，外部から仕事を受けている。研修センターに併設されている店舗のフレンズ・アンド・スタッフにはネイルショップもあり，研修生が実地研修を行う。このように実地研修を重視するのは，「研修センターで失敗することと，お客さんの前で失敗することは全く重みが違う」(マロー)からである。もちろん，それだけではなく，収入につながるということもある。

(2) ミットサムランのレストラン事業

　ミットサムランは，特にレストラン事業に力を入れている。主力店であるフレンズ・ザ・レストランでは，欧米の料理を中心に提供する。この店は，街の中心にある王宮のすぐ近くにあり，いつも外国人観光客で賑わっている。店で給仕をしているカンボジア人の若者は，おそろいのTシャツを着ているが，何人かには「ティーチャー」，他の若者には「スチューデント」と印刷してある。「スチューデント」は元ストリートチルドレンの研修生で，「ティーチャー」とあるのは指導役のスタッフである。

　フレンズ・ザ・レストランがオープンしたのは，2001年のこと。当時からミットサムランは職業訓練センターを運営しており，そのカリキュラムの一つに調理があった。ここには，オーストリア人のシェフ，グスタフが定期的にボランティアで教えに来ていた。残念ながら，所持金がつきてグスタフは帰国したが，その数日後，ミットサムランはビジネスをスタートするための助成金を得ることとなる。フレンズの求めに応じ，グスタフは，すぐ飛行機に飛び乗ってプノンペンに戻ってきた。その後，レストラン事業はおおむね

順調に拡大していく（一度ファーストフード事業に手を出し失敗するということはあったが）。

2005年には第2の店舗，ロムデンをオープンする。ロムデンは，中間レベルの研修施設で，実習生たちがなじみのない西洋風の料理などを作る前にカンボジア料理で技術を磨くという目的がある。だが，この店の意義はそれだけではない。ミットサムランが出版したレシピ本『ロムデンのレシピ・・タランチュラからスイレンまで』の序文で，マローはロムデン設立の意図の一つが，「内戦で混乱したカンボジア社会から多くのすばらしいレシピが失われつつあることを残念に思い，すばらしい伝統文化の一つであるカンボジア料理に若者が誇りを持てるようにしたいと考えた」ことだったと書いている。実際，ロムデンの提供する地方色豊かな料理は，グスタフとカンボジア人のチームが，ストリートチルドレンたちの故郷を訪ねて採録したレシピが元となっている。

ロムデンのシェフをつとめているのは，カンボジア人のソク・チュホンである。彼は，元ストリートチルドレンで，ミットサムランの支援で研修を受けた一人だ。チュホンはタイとの国境に近いバッタンバンの出身である。16歳の時から家計を支えるために，バイクタクシーのドライバーをやっていたが，大した金にならない。そこで，プノンペンに出て行くことにする。初めは建築現場で仕事を見つけ，7カ月ほど働いていたが，いつまでも続く仕事ではない。次の仕事は簡単には見つからず，ギャングにおびえながらストリートで暮らす生活が始まる。そんなときに，ミットサムランのソーシャルワーカーに声をかけられ，研修プログラムに参加した。調理コースを選んだチュホンはめきめき腕を上げ，ロムデン開店の時に厨房を任せられることになる。

チュホンは，研修を終えてからミットサムランで働くようになったが，今では研修を終了したばかりの研修生は最低2年間はミットサムランが雇うことはない。組織の中で囲い込むことは，彼らのためにならないと考えるから

第Ⅱ部 実践編

である。

ロムデンとフレンズ・ザ・レストランは，大きな収益をあげており，研修の場としてのみならず，ミットサムランの財政にも重要な役割を果たしている（詳しくは後述）。

（3）ストリートチルドレンの家族の収入向上

ミットサムランの成功の理由の一つは，ストリートチルドレンの家族全体を支援していることにある。ロムデンのチュホンも16歳の時から働いていたのは，家計を助けるため。家族が必要とするため，路上に出て働く子どもは少なくない。そうした子どもの状況を変えるためには，親が稼げるようになることが重要だ。なお，子どもを家庭から引き抜いて，施設に収容し教育を施す団体も多いが，家族全体の幸せを重視するフレンズではそうした手法はとっていない。

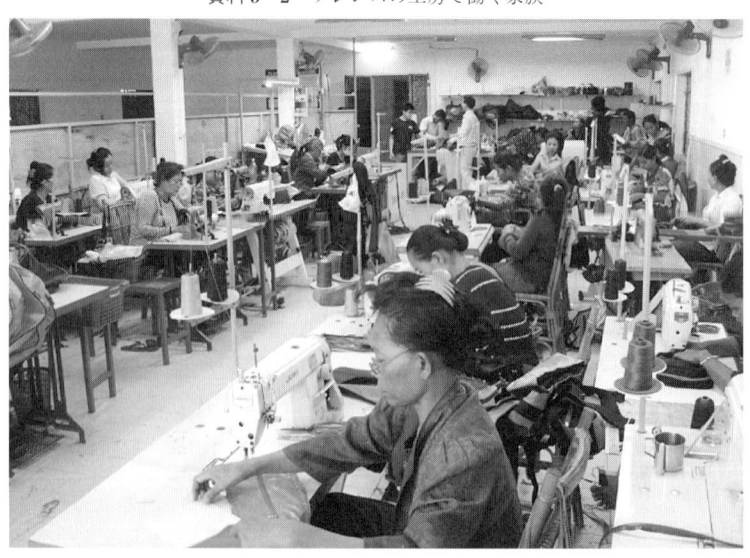

資料5-2 フレンズの工房で働く家族

そのために，ミットサムランでは母親向けの訓練の場と内職の機会を提供している。ミットサムランの工房では，ミシンを使った裁縫や，お土産用の小物の生産などを行う。内職プログラムでは，ミットサムランが親の意思を確認し，子どもを学校に行かせたり，職業訓練の機会を与えるということを約束した場合，研修の機会を提供，材料を提供した上で一定額の買い取り保障（プノンペンの場合，毎週25ドル分）をして手工芸品を作ってもらう。買い取りに行くときに，家の状況を確認し，子どものための約束が守られるように見まもる。購入した手工芸品は，フレンズ・アンド・スタッフやその他の店で販売する。直接，海外の大手の組織などから特注品を受注することもある。研修センター併設の店舗フレンズ・アンド・スタッフで販売をしているほか，海外にも販売している。

表5-1 2011年のミットサムランの主要な成果

事　業	人　数
補習クラス参加者	850
公立学校に戻った子どもたち	295
職業訓練を行っている青年	580
就職した青年	136
収入向上プログラムで支援している家庭	197
薬物離脱プログラムへの参加	161

出所：「ミットサムラン年次報告書2012年版」。

　現在，200名ほどがこのプログラムに参加している。新規参加者の研修や支援に必要な資金は，助成金でまかなっているため，希望者すべてに提供するわけにはいかないが，年間新規に20名程度に内職の機会を提供することができている（表5-1参照）。この事業では，買い取りを保障しているため，在庫管理が難しい（技術レベルにより作れるものが異なるが，それがすべて売れるわけではない）などの課題もあるが，家庭に収入を提供することはストリートチルドレン支援のために欠かせない。

　最近は，ドイツ銀行からの助成金を得て，自立支援のための小規模起業支援事業も始めた。少額の立ち上げ資金を提供し，研修，助言を行うことで，雑貨屋，屋台での軽食販売，飲み物販売などの仕事を身につけてもらうというもの。2011年度には，89名が新たにさまざまな事業を始めたという。

（4）ネットワークを通じて波及効果を目指す

　フレンズは，ミットサムランの活動経験を基本に，国際的なネットワークを形成し，より多くのストリートチルドレンを支援しようと試みている。このために二つのネットワークを作っている。第1はCiTYアライアンスで，同じような方向性を持つストリートチルドレン支援団体のネットワークを作り，その中でノウハウの交流を行うものである。第2はTREEで，研修レストラン事業の国境を越えた拡大を目的としている。

　レストラン事業の拡大は，まずラオスで行われた。フレンズの現地組織プアンミットが，2006年にマークペット（ラオス語でトウガラシ）をオープン，ロムデンと同様に各地で採録したレシピによる料理を提供しながらの研修を開始したのである。その後，友好関係にある団体ムロップ・タパンに協力し，カンボジアのビーチリゾートであるシアヌークビルで新たなレストラン「サンダン」をオープンした。2012年秋にはフレンズ・インターナショナルがアンコールワットのある町シエムリアップで「マルム」をオープン。こうした活動を組織的に進めるために，レストランのノウハウを拡げるためのTREE事業を開始した。研修レストランのノウハウを有償で提供することにより，収益を確保しながらストリートチルドレン救済のための方法を拡張していこうというものである。

（5）ミットサムランの組織体制

　現在，フレンズは，創立の地であるカンボジアに国際事務局を設けている。現在，カンボジアのプノンペンとシエムリアップ，タイのバンコクと国境の町アランヤプラテート（ラオスのビエンチャン），インドネシアで活動を展開している。プノンペン，タイ，インドネシアでの活動は，フレンズ・インターナショナルが立ち上げ，その後現地NGOとして独立した組織により担われている。中でも最大の組織は，プノンペンのミットサムランで，フレンズが全体で支援した子どもらの73%はミットサムランによるものである。ここ

表5-2 ミットサムランの職員内訳（2011年度）

ポスト	人数	比率
管理職（プログラムディレクターなど）	2	1%
プロジェクト・支援管理職	14	6%
専門家（HIV/AIDS，薬物中毒，ケースマネジメント）	7	3%
センター長	7	3%
チーム長	5	2%
ケースマネジャー	29	12%
ソーシャルワーカー	26	11%
医療補助者	12	5%
指導員・教官	58	24%
研修担当スタッフ	11	5%
ホールスタッフ	18	8%
販売員	9	4%
研修所調理員	4	2%
事務員	5	2%
財務スタッフ	7	3%
支援スタッフ（守衛，清掃員など）	26	11%
合　計	240	100%[(1)]

注：(1) 端数を四捨五入したため，合算は100を越えている。
出所：Mith Samlanh Annual Financial Report 2011 (2012).

では，ミットサムランを中心に組織概要をみていこう。

　ミットサムランの職員は240名で，マネジメントや専門的助言を行うものが23名（10%），事務所を支える事務スタッフや財務スタッフが12名（5%）となっている。地域センターやケースマネジャー等として現場に関わるのは67名（28%），さらに医療補助者12名を加えれば，合計79名（33%）が現場での社会的・医療的な支援に関わる業務を行っていることになる。レストランや職業訓練所の指導員，教官，研修担当スタッフなど職業訓練や補習に当たっている者は69名（29%）で，レストランや販売店でもっぱら営業目的に雇われているホールスタッフ・販売員が，27名（12%）となる。研修所の調理

員や守衛などの現場の支援スタッフは30名（13％）である。指導員は、レストランなどで研修生を指導しつつ営業に参加しているので、収益部門と研修部門は明確に分かれるわけではない。全体をみるならば、およそ3割が社会的・医療的支援を担い、4割が研修・教育およびソーシャルビジネスを担当、1割がマネジメントで、残りの2割が事務および現場の支援スタッフという形となっている（表5-2参照）。

ミットサムランにとって、レストランを中心とした収益活動は活動を支える貴重な収入源ともなっている。ミットサムランの活動の核心部分は、年間240万ドル（約2億4,000万円）の寄付・助成金によって支えられているが、ビジネス部門の売り上げも145万ドル（1億5,000万円）に達する。ビジネス部門は、レストランを中心に高い利益をあげており、収益活動全体でも32％の利益率を達成している。この利益により、ソーシャルワーカーの雇用費用などの社会事業部門の経費の21％をまかなうことができている。

4　フレンズ・インターナショナルの役割

フレンズの活動対象は、ストリートの子どもや若者である。途上国では、児童福祉制度がまだ整備されておらず、こうした子どもたちへの公的な支援は限られている。ストリートの子どもは「観光にマイナスの影響をもたらす」存在として「街の美化」を名目とした取締の対象となりがちだ。また、先進国でも制度的な保護の対象となりにくいストリートの若者は、麻薬の利用、売買に関わることがあり、犯罪者予備軍とみられがちだ。

このように警察などの公的機関から敵意をもってみられがちなストリートチルドレンや若者への支援については、NGOの役割が大きくならざるを得ない。直接、公的制度でカバーしにくいサポートを提供するほか、政府に対して働きかけ、取締ではなく支援の対象とするように求めるなどの活動を行っている。

フレンズの活動の中には，政府の本来の業務を代替している部分もある。本来ならば家族から離れてストリートで暮らす18歳以下の子どもについては，政府の支援があってしかるべき領域であろう。しかし，現実にはこうした支援は十分に行われておらず，フレンズなどの民間団体が担っているのが実態である。

　また，政府の役割を補完的する活動も行っている。学齢期の児童に補習を行い，同時に学校に働きかけて公立学校での受け入れ，再統合を支援するなどである。また，取締を行う政府には関わりにくい若者に対して公衆衛生教育を行うことも，政府だけでは行いにくいNGOならではの「補完的」な業務といえるだろう。

　収益事業を展開しながら若者に実習の場を提供したり，家族に収入を得る機会を与えることも，政府が直接関与しにくい領域である。十分に社会的な技術や生産技術を持っていない若者やその家族に研修の機会を提供しつつ，その延長で収益事業を行っているところが，一般企業が提供する労働市場と異なる点である。

　フレンズは，政府と協力関係を持ちながら事業展開を行っている。ラオスやシエムリアップでの事業では，現地政府との共同事業という形式を取り，将来的には政府に手渡していくことも視野においてはいる。確かに，フレンズの活動の中には児童対象の補習などや基本的な医療サービス提供のように，政府が行うことも可能な領域もあるだろう。だが，現実には，政府の働き方とフレンズの業務のスタイルではあまりに大きなギャップがあるため，その実現の目途はたっていない。現状では名目上の協働事業に留まっている。

5　フレンズ・インターナショナルにとっての収益事業

（1）収益事業を行う目的

　フレンズにとって収益事業を行う目的は，主として三つある。第1は，実

践的な研修環境を作り出すことであり，顧客とやりとりを行う「仕事の場」で本当に使える技術を身につけることである。とりわけレストラン事業は，生のやりとりを顧客と行う場であり，仕事の厳しさを覚える空間でもある。レストランでは，テーブルにアンケート用紙が置かれており，顧客のフィードバックが研修に活用されている。また，専門的なスタッフによる定期的な料理チェックでは，厳しい評価が行われ，調理技術についても日常的な確認が行われ，「値段に見合う品質を提供できているのか」という視点で厳しくチェックされている。こうした研修により若者の社会への再統合がはかられる。

　第2は，ストリートチルドレンの家族の収入向上である。内職プロジェクトは，家族への収入向上の機会であり，同時にミットサムランが買い取りを行うことで定期的な訪問による家族・子どもの状況確認も行っている。ただ，買い取りできる量は，販売力によって決まるため，内職プログラムはすべての必要のある家庭に提供できているわけではない。このため，最近は助成金を得て，家族が簡単なビジネスを開始できるよう小規模起業プログラムにも取り組んでいる。

　第3は，ミットサムラン自体の収益源とすることである。年間の売り上げ，育成している研修生の数などからみて他の同様のストリートチルドレン支援団体と比べても高い成果をあげているが，それでも収益性のない社会的事業のコストの2割をカバーするに留まっている。

（2）ビジネスがなぜ可能か

　ミットサムランがレストラン事業を開始したときは，カンボジアの経済発展の初期段階であり，洗練された外食産業自体が未成熟の状況にあった。こうした中で一歩先んじて質の高い料理とサービスをそれなりの値段で提供する事業を開始したことで，外国人観光客のニーズをうまく取り込むことに成功した。研修事業である以前に，レストランビジネスとしてそもそも競争力

を持っていたといえる。

　これを可能としたのは，国際的な非営利組織として比較的低価格で高度な人材を確保することができたことにある。グスタフなどの専門的な料理人の指導により，料理の質の確保と飲食業経営のノウハウの持ち込みも行われ，多様な人材（写真家，デザイナー，ビジネス経験者など）を活用，料理本を出版するなどのマルチメディア展開も行っている。

　非営利組織の研修レストランであることも，コスト削減に役立っている。まず，立ち上げ資金は寄付や助成金から調達しており，金利負担はない。また，研修生については，人件費はかからず，レストランの運営の負担にはさほどならない。むしろ，「食事をしながらストリートチルドレンを支援できる」場であり，ストリートチルドレンとのふれあいができる場は，社会問題に関心を持つ顧客にとっては付加価値でさえある。「共感的消費」を活用できる業態であろう。しかも，「料理・サービス」の消費は一過的で，単価も低く消費者にとって敷居は低い。非営利事業であるため，ガイドブックやマスメディアでも紹介してもらいやすく，広告宣伝費の負担も少ない。

（3）ビジネスであることが組織運営に与えている効果

　ビジネス部門を持つことが，組織運営にどのように効果を与えているのか。この点については，明確に因果関係を示すことは困難ではあるが，いくつかの観察は可能であろう。

　第1は，成果指向であること。年次報告書などでも，単にアウトプット（行ったこと）だけではなくアウトカム（どれくらいの人にアクセスしたか），さらに働きかけの成果（学校への復帰を果たした子どもの数，職業を得た若者の数）などもしっかり書き込まれている。また，それぞれの費用対効果も記述されている。

　第2は，事業を行う上でマーケットを意識した効率的な優先順位の選択が行われていることである。例えば，研修事業でどのようなメニューを選ぶか

考える場合にも，マーケティングの手法が取り入れられ，どのような技術が社会で求められているのかを意識した組み立てがされている。

もちろん，こうした組織運営は「優れた非営利組織」ならば本来行うべきことであろう。しかし，成果指向とならざるを得ない収益事業を持つことにより，こうした組織文化が浸透しやすいということは考えられるだろう。

6　途上国における社会的企業の役割と課題

フレンズは，国際機関や先進国政府や民間助成財団から資金を調達し，サービス提供を行うという国際協力NGOの通常のビジネスモデルを基本としながら，ミッションと深く関わる収益事業を展開する社会的企業としての側面も持つ。多くの国際協力NGOについていえることだが，本来は政府の業務であっておかしくない問題の解決を，政府の認識が不十分であったり，十分に優先順位を置かれていないため取り組まざるを得ないという状況が背景にある。その意味では，第1章の整理に習うならば，大きくは「問題対応型事業」を実施しているということができるだろう。

収益事業は，一般的に収益事業と社会的課題の解決を関連づけやすい二つの分野，すなわち研修と収入向上事業の一環として実施されている。研修事業にしても収入向上事業にしても，すべてが収益事業とされているわけではなく，活動の一部のみが収益事業として運用されているのは特徴的である。中でも収益性が高いのは，カンボジアの外食ビジネスにおいて先駆者でもあったレストラン事業である。レストラン事業の競争力は，専門的なノウハウを持っていたというフレンズ独自の特徴，「実習の場」としての役割を持つため人件費の負担が比較的低いこと，「元ストリートチルドレンによるサービス」自体に付加価値があり「共感的消費」を導きやすいなど，こうした業態自体の適切さがある。さらに，レストラン事業が成立している背景には，実習生の基礎的な研修を行う場である収益性のない研修センターがあること，

ケースマネジャー等により一人ひとりの子ども・若者のケースマネジメントを行う体制があることも忘れてはならないだろう。

　収入向上プロジェクトもフレンズの収益源の一つではあるが，それがうまくいくためにも，ソーシャルワーカー等による定期訪問や収益につながらない研修期間を可能とする助成金の存在が背景にある。このように，フレンズの収益に関わる部門にしても，国際的な助成金と独自の収益事業を組み合わせることにより経済的な効率性（＝市場での競争力）とミッションの達成の二つを可能としている。

　ただ，収益事業で社会的な事業（ケースワーク，医療支援など）の経費をまかなえるのは，フレンズの事業でも最も成功しているプノンペンのミットサムランでも2割程度に留まっている。このことはどう考えるべきなのだろうか。その理由の一つには，本来政府が担っていてもおかしくない基本的な教育や医療の提供を行っていることが挙げられる。学齢期の子どもへの教育機会の提供や最低限の医療サービスの提供は，本来は児童の権利に関する条約などに基づく政府の責務であり公的資金で行うべきことなのかもしれない。そうした本来収益性を持ち得ない業務を担う限り，助成金や公的資金を調達する必要がある。

　将来，カンボジアが発展した場合には，助成機関から資金を得ている部分については，カンボジア政府などから資源調達を行い実施しながら，実習部門を収益事業と組み合わせるというビジネスモデルも可能かもしれない。

　なお，フレンズ自体も，政府の義務については明確に意識している。問題対応型事業に携わる組織が陥りがちな政府の役割の軽視はある程度は避けられている。実際に，ラオスやシエムリアップのプロジェクトは，自治体や政府機関と協働で実施する形式をとっている。ただ，ストリートチルドレンに対する自治体や政府機関の現場スタッフの認識，組織文化の違いなどから，こうした協働は形式に留まっている。

　潜在的な課題としては，収益事業の収益性を確保するための規模と，社会

的なニーズとのギャップが考えられる。例えば収入向上プロジェクトへの参加希望者は多いが,財政的な制限や販売力の限界から十分に応えることができていない。ストリートチルドレンの実習の場にしても,研修のニーズに十分応えることができているのかどうかは明確ではない。社会的な課題を解決するためには,本来はこうしたビジネスモデルが拡大・普及すればするほど望ましいのだが,それは同時に競争の激化と収益性の低下を意味する。市場ベースで活動するということは,同業他社との競争を常に行う必要性も生み出すのである。

政府が弱体なカンボジアで,国際社会から資源を導入しながら社会的課題の解決と収益事業を同時に展開するフレンズは,今のところうまくバランスを取りながら事業を展開しているようにみえる。ただ,カンボジアの経済がこのまま発展していけば,国際協力は減少していくだろう。他方政府の財政規模も増えていく。今後,環境が変わっていく中で,この方程式だけでは無理があるかもしれない。長期的には「問題対応型事業」だけではなく,「公共サービス参加型事業」を増やす方向に向かうのか,収益性が比較的高く市場ベースでの実施もある程度見込める研修レストランなどに集約していくのかなどいくつかの選択肢はあるだろう。フレンズの活動は,途上国の社会的企業の発展のあり方を考える上でも重要な位置にある。

付　記

　本章は,フレンズ・インターナショナル事務局長マロー氏らへのインタビュー,フレンズ発行資料とインターンとして3カ月働いていた西田織帆さん(関西学院大学人間福祉学部学生)からの情報による。

注

(1) *Cambodian Street Children Profile 2009*(*SCP*)(2009) Friends International.

コラム3

若者支援と労働統合型社会的企業
―― K2 インターナショナルグループ

　横浜市にある K2 インターナショナル（以下，K2）は生きづらさを抱えた若者の自立・就労支援，また就労先として自主事業を運営している社会的企業だ。1989年に K2 の活動は企業の CSR 事業として始まった。当時，社会的な問題とされていた不登校・ひきこもりなどの生きづらさを抱えていた若者たちと共同生活や海外での留学プログラムを通して，自立を支援するプログラムを展開してきた。現在は自立プログラム終了後の参加者の経済的自立をサポートするための就労支援も行っている。教育・就労・福祉の垣根を越えた「生きるため」の支援を行い，若者一人ひとりが自分の「生きる場」を見つけることを K2 は支援している。自立支援のプログラムの一つ，若者サポートステーションには年間で約600人もの若者が相談に訪れる。

　2010年の内閣府「ひきこもりに関する実態調査」の結果よると，15～39歳のうち，ひきこもっている人は全国でおよそ69万6,000人いるという調査結果がある。その調査が明らかにしているように，ひきこもりなどの生きづらさの原因となるものは学校や就労，家庭，その他複雑な問題が関連していることが多い。

　しかし，日本の現状をみてみると，子ども期から若者期までの社会保障は学校教育を中心に展開されるために，進学に代わる職業訓練・就職支援や学校以外の居場所の提供などの体制がほとんどない。また，就職支援の現場では，支援を行っても一般就労に結びつかない若者をどうするのかという課題や，学びなおしや職業訓練の場所を提供することのできる組織の不足など支援過程の課題が多くある。

　現在の若者の自立支援は就労向けた相談支援が中心であり，また職業訓練においても資格の取得やスキルの向上に焦点化され，若者それぞれの状況や状態にあわせた生活支援は行われることがない。しかしながら，若者の自立支援は，生活のある一部分だけを切り取って支援を行うことでは効果があらわれにくい。

　K2 では自立支援の目的を「仕事を通して一人前」になることだけでなく，社会に参加し，活動して，社会の中で存在意義を実感できる場所を見つけることとしている。K2 では自分の役割を見つけるための働き方を中間的就労と位置づけ，個人のニーズに合わせてさまざまな働き方を提供している。例えば，K2 が経営する食堂で働く若者たちは，体調に合わせて働く時間を調整するなどサポートを受けながら社員と同じ給料条件で働いている。その他にも有償ボランティアや清掃やポスティングなど簡単にできることから働くための準備を始めることもある。中間的就労の一番の目的は社会の中で自分の役割を見つけることにある。例えば近くの銭湯が，経営者の加齢によ

って廃業の危機にあった時には，スタッフが清掃を請け負うことで銭湯を継続できるようになりスタッフは自分の役割を実感する機会になったという。職業訓練では現場でのスキルトレーニングを通して一般就労を目指す人を支援する。また，調理師免許や保育士の資格を獲得したりする人もいる。中間的就労は一般企業への就職に向けて職歴を作るという意味でも意義は大きい。K2が運営する中間就労先の一つ，「にこまる食堂」では約30%が訓練後，一般就職へと結びついている。

　自立プログラムの参加者の利用料や，中間的就労で展開する店舗の売り上げがK2の収入である。しかし，生きづらさを抱える若者の一人ひとりのニーズにあった生活支援や働く場の支援を行うためには委託金や補助金など公的資金は欠かせない。総収入の約5億円のうち半分が国や地方自治体の委託金や助成金である。

　公的資金の獲得にはいくつかのメリットがある。1つ目は自立支援を受けるために必要な利用者の自己負担を減らすことができる点である。これにより低所得の家庭の若者であってもサービスを受けることが可能になった。2つ目は新たな事業の開発を行うことができる点である。K2に来ることで，障害者手帳の取得に至った人の支援のための事業を展開するなど，さまざまな困難を抱えた若者の個別の状況に応じたサービスを提供することが可能になった。3つ目は事業の拡大である。居場所事業の展開によって周辺の学校とのつながりができ，今までサービスの届きにくかった若者に支援を広げることができるようになった。低所得者にサービスを提供したり，サービスの内容を強化したり，居場所事業を展開するなど，事業としての採算性は低いが，必要性の高いサービスを展開するためには公的資金は欠かせない。

　しかし，それぞれの問題が複雑化し，深刻化した中で若者一人ひとりが社会的な自立を果たすまでは，長期的・包括的な支援が必要となり公的資金だけでは足りない部分もある。K2の利用者の「親の会」が中心となり，一般財団法人若者自立就労支援協会を立ち上げ，長期的に若者を支援していけるような体制を作り始めている。

　カウンセリング，情報提供，訓練，求職支援など就労移行支援サービスが中心に行われている若者の自立支援では，コミュニケーションが不得意など，支援をしても一般就労が困難な若者もいる。日本においては障害の認定を受けるなど，ごく限られた形でしかケア付きの労働を受けることができない。その中で社会的企業には経済的な偏重した自立支援ではなく当事者が社会的な役割を確認できるような働き方の創出が求められている。

（竹内友章）

第6章 ケアと住宅の共存を志向する
―― サポーティブハウス

白波瀬達也

1　ホームレスの減少と社会的企業

　本章は生活困窮者の居住問題に向き合う社会的企業に注目する。日本における生活困窮者の居住問題は比較的最近になってクローズアップされるようになった。その大きな契機となったのが「ネットカフェ難民」という造語であろう。この語は2007年にネットカフェで暮らさざるを得ない人びとを取材したドキュメンタリー番組を通じて人口に膾炙した。安定的な住居を持たない都市の貧困層が住居代わりに活用する空間はネットカフェだけでなく，個室ビデオ店や深夜のファストフード店にまで広がりをみせている。こうした現象の背景には不安定雇用の広がりや血縁関係の弱体化などが考えられるが，より根本的なのは，少ない費用で入居することができる住居－「アフォーダブル住宅」の提供が公的責任によって十分になされていないことであろう。

　日本ではバブル経済崩壊以降の景気悪化に伴い，求人の減少や雇用の流動化が深刻化し，都市全域にホームレスが顕在化するようになった。ホームレスが顕在化した当初は彼らを支援する制度的な枠組みがほとんどない状態であった。そのため，ボランティア団体などの民間セクターがもっぱらホームレス支援の担い手であった。しかし，ホームレスの存在が大きな社会問題となった2000年頃からは国レベルの対策が求められるようになった。2002年に「ホームレスの自立の支援等に関する特別措置法」（以下，ホームレス自立支援法）が施行されてからは，大都市圏を中心に自立支援センターなどの施設が整備されるようになった。また，2003年にはこれまでホームレスへの適用が

差し控えられがちであった生活保護制度のあり方が見直されるようになった[1]。これらの取り組みによって，2003年の時点で約2万5,000人いたホームレスは2013年の時点で約8,000人まで減少した。

2000年頃は，ホームレス支援の内容が炊き出しやアウトリーチ型の応急支援に偏っていたが，その後，ホームレス自立支援センターや無料低額宿泊所といった中間施設への入所支援や，野宿生活脱却後における定住支援，さらには野宿に至る寸前の状況を回避する支援まで，支援内容が多様化してきた。水内俊雄らの研究に依拠して上記の内容を整理すると，今日のホームレス支援は①「野宿回避支援ステージ」，②「応急支援ステージ」，③「中間支援ステージ」，④「居住福祉ステージ」に大きく分類することができる（稲田・水内 2009；水内 2010a）。これらの中でも③と④は比較的新しいタイプのホームレス支援に位置づけられ，多くが社会的企業によって担われている。

日本における近年の急激なホームレスの減少の背景には，彼らを積極的に包摂してきた社会的企業による居住支援の展開があった。しかし，こうした実践は十分に事例蓄積されているとはいいがたい。そこで本章では，まず生活困窮者の居住問題およびその対応を概説し，次に大阪市西成区あいりん地域に焦点を当て，ホームレスをはじめとする生活困窮者を対象とするサポート付き住宅の実態と課題を社会的企業という観点から明らかにする。

2　生活困窮者をめぐる居住問題

（1）生活困窮者の居住支援

例えば，次のようなケースを想定してみよう。50代の単身男性。長く非正規雇用で工場労働に従事していたが，企業の業績悪化に止む無く失業。雇用保険に未加入であったため，失業保険の受給資格はなく，再就職活動もうまくいかない。親族からのサポートも受けることができないため，役所に行って苦境を訴えるも，稼働年齢であることを理由に生活保護の申請を勧められ

ることはなかった。そうこうしているうちに貯蓄が底を突き，家賃を支払うことができず，路上で生活するようになった。ホームレス状態が長期化する中で社会に対する不信感が高まり，自尊感情も著しく低くなっている。

　こうしたケースに対し，どのような支援がなされるべきだろうか。ホームレスへの襲撃を回避するための夜間パトロール，炊き出しなどの食料支援，一時的な療養を目的にした宿泊支援，医者や看護師による巡回医療，衣類提供などが考えられる。これらの支援に優劣をつけることは難しいが，近年の生活困窮者の支援において注目されているのが「ハウジング・ファースト」という概念である。「住居は生活の根幹である」という認識から，何よりも先に住居提供を重視するアプローチである。また近年，生活困窮者は経済的課題だけでなく，社会関係に課題を抱えていたり，障害を有していたりするケースが少なくないという認識が広まる中，「伴走型支援」という概念が注目されるようになっている。伴走型支援とは，支援者が対象者の生活歴や健康状態などを把握した上で，個別のサポートプランを作成し，社会的孤立を回避しながら生活の安定を図る実践である（奥田・稲月・垣田・堤 2014）。

　米野史健は社会的・経済的理由から住まいの確保が困難とされる「住宅弱者」に対する居住支援を包括的に論じている（米野 2010）。米野は居住支援を「適切な居住の場を得るのが難しい者に対して，望ましい住宅が確保できるように，またその住宅で安心して生活できるように，支援する取り組み」（米野 2010：38）と捉える。そして，「居住の場を得る上では，住宅というハードの確保が前提となるが，そこで安定的に暮らすことができて初めて居住が成り立つのであるから，生活を支えるソフト面での支援が必要な場合もある」と論じている（米野 2010：38）。

　生活困窮者の支援においては，安定的な住居の確保と伴走型支援が大きな効果を発揮すると考えられているが，これらは現状において十分に制度化しておらず，公的に保障されていない。よって施策の間隙を民間が埋め合わせるような形で生活困窮者の居住支援が展開されている。こうした取り組みの

最前線として注目に値するのがホームレスの居住支援の現場である。

(2) 行政によるホームレスの居住支援

　1990年代後半から大都市部において深刻化したホームレス問題に対し，政府は住宅政策ではなく，主に就労の獲得を通じて解決を図ろうとしてきた。こうした指向性を反映した法律が前述した2002年に制定された「ホームレス自立支援法」である（水内 2012）。ホームレス自立支援法に基づく自立支援事業は，「ホームレス自立支援センター」をはじめとする入所型の施設で就労支援を受けながら就職活動をし，就職先を獲得した後に退所することがモデルケースとして想定されている。

　ホームレス自立支援法は，民間団体との連携を強く打ち出しているものの，実際に脱ホームレス支援で利用されている無料低額宿泊所や支援付き住宅などの存在は条文には出てこない（水内 2012）。また，ホームレス自立支援法では「住宅への入居の支援等による安定した居住の確保」が目標とされ，公営住宅の活用などが位置づけられたが，具体的な事業はみられない（米野 2010）。このように行政によるホームレスの居住支援は不十分な形で展開されている。

(3) 民間によるホームレスの居住支援

　行政による脆弱なホームレスの居住支援は，民間の活発な展開をもたらしてきた。阪東美智子はホームレス状態から一般住宅に移るまでに利用された施設の約半数がホームレス対策の関連施設や生活保護施設など国庫補助で運営されており，残りがNPOや民間団体等の借り上げ住宅，無料低額宿泊所，病院などとなっていると述べている（阪東 2007）。このように民間によるホームレスの居住支援のプレゼンスは相当に大きい。

　民間によるホームレスへの居住支援は①「住宅供給型」と②「入居支援型」に大別することができる（米野 2010）。①はNPO等の団体が，民間賃貸

住宅を棟単位で借り上げるなどして住まいを提供するとともに，さまざまな生活サポートや就労支援を行うものである(2)（米野 2010）。こうした住まいは地域における自立生活に移るまでの中間施設として位置づけられるものだが，現実には長期間暮らす高齢者も多い（米野 2010）。一方，②は「自立支援住宅を退居する場合のほか，路上から賃貸住宅へ直接入居する場合も含まれる」（米野 2010：45）。入居前の支援としては賃貸借に関する保証事業が中心となっている。また，入居後の支援としては相談対応や居場所の提供，訪問による安否確認等が挙げられる（米野 2010）。

3　生活保護を活用したホームレスの居住支援

（1）社会的企業の実験地としてのホームレス居住支援

前節までで，民間によるホームレスの居住支援が大きなプレゼンスを持つことを示してきたが，その背景には生活保護という公的扶助制度があることは忘れてはならない。

一般的にホームレス状態にある者が生活保護を受ける場合，その住居は大きく「施設」と「居宅」に分類される。救護施設(3)と更生施設(4)に代表される「施設」は「入退所の回転が悪く，障害を表面的にもたない生活困窮者にはなかなか使えない施設であった」（水内 2010b：88-89）。こうした状況下において急増したホームレスの居住の受け皿として利用されるようになったのが，無料低額宿泊所や低廉狭小のアパート，簡易宿泊所を転用したアパートであった。水内は救護施設や更生施設といった生活保護施設と比較して無料低額宿泊所およびアパートの方がはるかに低コストであることを指摘し，各種の支援サービスを提供しているこうした居住資源のありようを「社会的企業の実験地」として好意的に評価している（水内 2010b）。

（2）無料低額宿泊所をめぐるさまざまな評価

　一方，生活保護が絡んだビジネスは「貧困ビジネスであるとのラベリングが先行し，その意義や到達点が伝えられていない状況にある」（水内 2010b：87）。特に首都圏において急増した無料低額宿泊所については，論者によってその評価が分かれる。無料低額宿泊所は，「生計困難者のために，無料又は低額な料金で，簡易住宅を貸し付け，又は宿泊所その他の施設を利用させる事業」（社会福祉法第2条第3項）であり，社会福祉法に規定された第2種社会福祉事業に含まれる。厚生労働省の調査によれば，無料低額宿泊所は1990年代末から急増し，2009年の時点で全国の439施設に1万4,089人が入居している。そのうち，生活保護受給者は90％以上を占めている（厚生労働省2009）。

　無料低額宿泊所では，劣悪な居住環境のもと入居者を囲い込む事例も散見されたことから，ホームレス支援団体らによって「貧困ビジネス」として告発されるようになった。「貧困ビジネス」の問題はマスメディアでも頻繁に報じられるようになり社会的関心を集めるようになった。こうした状況を受け，2009年10月には厚生労働省が「無料低額宿泊所のあり方に関する検討チーム」を設置するなど，無料低額宿泊所を規制する動きがみられようになった。

　一方，五石敬路は無料低額宿泊所が宿泊所の提供だけでなく，就労支援，生活相談，福祉事務所や病院への付き添いといった，本来福祉事務所のケースワーカーが実施すべきさまざまなサービスを独自に行ってきたことに着目し，規制の強化がデメリットをもたらすことを論じている（五石 2011）。また，鈴木亘は，無料低額宿泊所が抱える最大の制度的矛盾として「さまざまなケアが必要であるにもかかわらず，その人件費や諸費用を明示的に費用徴収できず，本来は住宅スペースの費用である『住宅扶助費』の中からしか捻出できないようになっている点」（鈴木 2010：25）を指摘している。

　本章が主題とする大阪市における生活保護を活用したホームレスの居住支

援は，主として簡易宿泊所を転用したアパートにおいて展開されている。したがって，首都圏における無料低額宿泊所をめぐる問題は大阪市と無関係のように思われがちだが，行政によるホームレスの脆弱な居住支援を民間が補う構図は近似している。また，生活保護を活用した居住支援に対する社会的眼差しも首都圏と大阪市とで大きくは変わらない。以上の点を考慮に入れながら次節では具体的事例として大阪市西成区あいりん地域におけるホームレス問題と居住支援の展開を概観する。

4　あいりん地域における定住化と居住支援

（1）あいりん地域の概要

あいりん地域は大阪市西成区の北東部に位置する0.62 km^{2}の地域で，花園北1丁目，萩之茶屋1・2・3丁目，太子1・2丁目，天下茶屋北1丁目，山王1・2丁目から成る人口密集地域である。かつて同地域はバラックなどの劣悪な住宅や，暴力団による違法活動が目立つ場所として社会的に負のイメージを付与されてきた。このことに対し，地元住民が1960年に「西成愛隣会」を立ち上げ，事態の改善に乗り出したことが，「あいりん」という呼称が用いられたきっかけとされる（白波瀬 2011）。

同地では1961年に生じた暴動を契機に行政による労働・福祉・教育といった各種施策が展開されるようになり，1966年には大阪府・大阪市・大阪府警察本部が構成する「三者連絡協議会」によって「あいりん地区」と名づけられた。以来，今日に至るまで「あいりん地区」ないしは「あいりん地域」と呼ばれている。近年では公式的に「あいりん地域」と呼ぶことが多くなっていることから，本章においてもこの呼称を採用する。なお，あいりん地域は「釜ヶ崎」と称されることもある。しかし，釜ヶ崎はインフォーマルな呼称であり，あいりん地域のように明確な境界設定がない。本章は行政データを活用しながら事例分析をすることから，対象となる地域を明確に規定するこ

とのできるあいりん地域という呼称を採用する。

　高度経済成長期における労働力需要の急激な高まりに伴って，あいりん地域には全国から大量の単身男性労働者が集まってきた。彼らの多くは月払いの賃貸住宅ではなく簡易宿泊所（通称：ドヤ）という低料金の宿を根城にして生活するようになった。一方，1960年代後半には，大阪市がスラム対策として家族世帯を積極的に他地域の公営住宅等へ入居させた。こうしたプロセスを経て，あいりん地域は非定住的な単身労働者が集住する町となった。高度経済成長期における建設労働力の供給地として期待されたあいりん地域では1970年代初頭に労働力を再生産させるための地域特有のシステムが確立されるようになり，バブル経済期まで，日本最大規模の日雇労働市場＝寄せ場として活況を呈していた。しかし，バブル経済崩壊以降，あいりん地域の求人が著しく減少した。これに伴って日雇労働者を主たる利用客とする簡易宿泊所の稼働率も大きく下がることになった。

（2）あいりん地域におけるホームレス問題

　バブル経済崩壊以降の労働市場の縮小と高齢化によって，あいりん地域に暮らす日雇労働者の多くが長期失業状態に陥った。日雇労働者はその労働形態からそもそも失業リスクが高く，長期出張することも少なくない。こうした事情から彼らは月払いの賃貸住宅ではなく，日払いの簡易宿泊所に宿泊することが一般的であった。簡易宿泊所は一般の旅館やホテルと同様，支払い能力がなければ宿泊することはできない。一般的な住宅とは異なり，簡易宿泊所は宿泊料金が支払えなくなった時点で利用することができなくなる。こうした日雇労働者の居住特性がホームレスの急増と大きく連関していたことはいうまでもない。

　1990年代の中頃には路上生活を余儀なくされた日雇労働者があいりん地域内外に溢れ出るようになり，ホームレスが社会問題化した。こうした危機的な事態に対応するべく，2000年にあいりん地域内に「臨時夜間緊急避難所」

第6章 ケアと住宅の共存を志向する

が，あいりん地域外には「ホームレス自立支援センター」が開設され，遅まきながら公的セクターによるホームレス対策が進んだ。加えて，厚生労働省の社会援護局保護課課長通知（「ホームレスに対する生活保護の適用について」）が出た2003年以降，住所不定者への生活保護の適用が進み，月払いの賃貸住宅で定住する者が増えた。以上のような取り組みの結果，1999年に約8,700人いた大阪市のホームレス数は2013年に約1,900人まで減少した。

　2011年12月時点の大阪市の生活保護世帯数は約11万5,000世帯，被生活保護人員は約14万9,000人。大阪市の生活保護受給率は5.6％で政令指定都市のなかで最も高い。また，西成区の生活保護世帯数は約2万6,000世帯，被生活保護人員は約2万8,000人となっている。西成区の生活保護受給率は大阪市24区で最も高く23.5％にも及ぶ。そして西成区内でも突出して高い生活保護率となっている地域があいりん地域である。同地における生活保護受給者の大半が単身世帯のため，生活保護世帯数と被保護人員がほとんど変わらず，その数は約1万人。住民の約40％が生活保護受給者となっている。2002年の時点であいりん地域に暮らす生活保護受給者が約2,500人だったため，10年間で生活保護受給者が約4倍増加している。このように大阪市ならびにあいりん地域におけるホームレス数は積極的な生活保護の適用によって著しく減少した。その中で大きな働きをしたのが民間による居住支援の取り組みであった。

（3）簡易宿泊所を活用した居住支援の構想

　長らくあいりん地域では，住所不定の日雇労働者やホームレスが生活保護から排除される傾向が強かった。また，生活保護の受給要件を満たしていても，行政の慣例で居宅での保護は認められにくく，施設での保護に限定されがちであった。救護施設・更生施設といった生活保護施設はバブル経済崩壊以降に急増するホームレスを受け入れる十分なキャパシティを持ち得ず，部分的にしか対応することができなかった。日雇労働者の生活拠点であった簡

易宿泊所が大阪市から住居とみなされなかったことも，あいりん地域におけるホームレス問題の深刻化に拍車をかけたといえよう[5]。

　あいりん地域のホームレス問題が深刻化する中，活動を開始したまちづくりグループ「釜ヶ崎のまち再生フォーラム」は，「生活保護を利用して居住の安定を図り，その後の生活をサポートするという支援策を提唱した」（稲田 2011：328）。しかし，同フォーラムは居住資源である建物を所有しておらず，買う財源もなかったため，宿泊客が激減していた簡易宿泊所に着目した。一方，簡易宿泊所の経営者たちもかつての利用客たちがホームレス化する現状を憂い，支援の糸口を探っていた。こうした中で，まちづくりグループと簡易宿泊所の経営者たちが議論を重ね，1999年に「困窮した労働者に簡易宿泊所の空室を一定期間提供しようという『簡宿活用2000室プラン』を大阪市に提案した」（稲田 2011：329）。このプランは簡易宿泊所の空室を大阪市が借り上げてホームレス支援に活用するというもので，新しく施設を建設するよりもコストがかからず，また日雇労働者が住み慣れた場所を活かすものであった（阪東 2011）。簡易宿泊所の経営者たちは，この計画案を大阪市に陳情するなどの地道な活動を行ってきたが，「明確な返答がなかなか得られない状態が続き，活動に限界が見え始めていた」（稲田 2005：89）。このような状況下，ある簡易宿泊所経営者がホームレス向けの支援付き住宅への転換を決意したことにより，2000年にサポーティブハウスという新たな居住資源が誕生した。

5　サポーティブハウスの取り組み

（1）サポーティブハウスの仕組み

　2011年の時点であいりん地域では17軒のサポーティブハウスが運営されており，そのうち9軒は「サポーティブハウス連絡協議会」というNPO法人の会員として活動を行っている（稲田 2011）。サポーティブハウス連絡協議

第6章 ケアと住宅の共存を志向する

資料6-1 サポーティブハウスの談話室

会に加盟するサポーティブハウス(6)は，あいりん地域内の支援団体との連携が深く，西成区からも重要な社会資源として認識されている。なお，前述した米野の議論を敷衍するならば，サポーティブハウスは民間による「住宅供給型」の居住資源として位置づけることができる。

　サポーティブハウスの居住空間は通常の簡易宿泊所と同様，居室は概ね3畳の個室，トイレ・風呂・炊事場は共用となっている。一方，サポーティブハウスは簡易宿泊所にはない独自の特徴を有している。阪東美智子によると，サポーティブハウスには以下の4つ特徴がある。第1に職員が24時間常駐して生活相談や必要な生活支援を行っていること。第2に居住者や職員や地域の支援団体等が自由に利用できる共同リビング（談話室）を備えていること。第3に一部に手すりや洋式トイレを設けるなど高齢化対応をしていること。第4に入居時の保証人や保証金を設定しないことによって野宿から即座に居宅保護に移れる道を切り開いていることである（阪東 2011）。

第Ⅱ部　実践編

資料6-2　サポーティブハウスの事務所

　大阪市における生活保護の家賃扶助費の上限である4万2,000円と数千円の共益費を支払うことでサポーティブハウスの入居が可能となる。一方，サポーティブハウスは家賃と共益費が主たる収入源となっており，基本的にその財源で支援スタッフを雇用し，建物を管理している[7]。入居に際する条件は特に設けておらず，家賃の支払いとアパートでの生活が可能であると判断された場合，障害や疾病の有無に関わらず入居を受け付けている。

(2) 入居経路・入居期間

　以上で示した通り，サポーティブハウスは入居要件が非常に緩やかな集合住宅だが，本人の直接依頼は全体からするとそれほど多くない。筆者らが2013年にサポーティブハウス連絡協議会に加盟する9つサポーティブハウスの入居者全員（713人）に対して行った質問紙調査[8]によると，「ホームレス支援団体」からの依頼ケースが219件（30.9％），「生活保護施設（救護・更生施

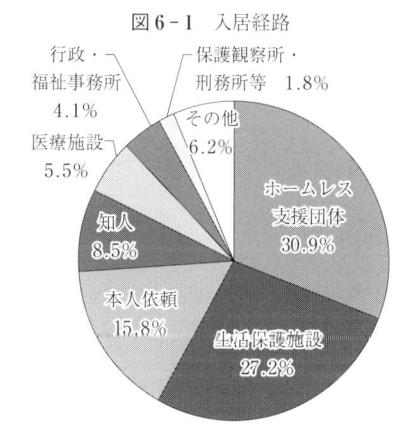

第6章　ケアと住宅の共存を志向する

図6-1　入居経路

- 保護観察所・刑務所等 1.8%
- 行政・福祉事務所 4.1%
- その他 6.2%
- 医療施設 5.5%
- 知人 8.5%
- 本人依頼 15.8%
- 生活保護施設 27.2%
- ホームレス支援団体 30.9%

出所：「あいりん地域」におけるサポート付きアパートの入居者属性と支援に関する実態調査。

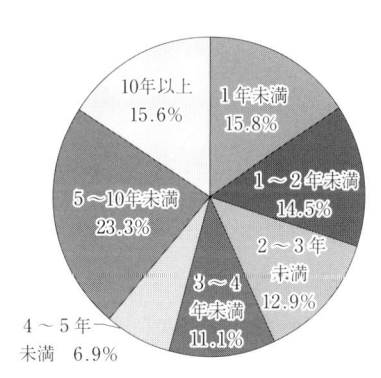

図6-2　入居期間

- 10年以上 15.6%
- 1年未満 15.8%
- 1〜2年未満 14.5%
- 2〜3年未満 12.9%
- 3〜4年未満 11.1%
- 4〜5年未満 6.9%
- 5〜10年未満 23.3%

出所：図6-1と同じ。

設）」からの依頼ケースが193件（27.2％）となっており，これらが主要な入所経路となっていることがわかった。以上の他，「本人依頼」が112件（15.8％），「知人」を通じた入居が60件（8.5％），「医療施設」を通じた入居が39件（5.5％），「行政・福祉事務所」を通じた入居が29件（4.1％）であった。また，わずかながら「保護観察所・刑務所等」を通じた入居が13件（1.8％）あることも明らかになった。このデータから，サポーティブハウスが対人援助に関わる多様な機関とネットワークを持っていることがわかる（図6-1）。

では，入居期間はどのようになっているのだろうか。先の調査によれば，「1年未満」が109件（15.8％），「1〜2年未満」が100件（14.5％），「2〜3年未満」が89件（12.9％），「3〜4年未満」が77件（11.1％），「4〜5年未満」が48件（6.9％），「5〜10年未満」が161件（23.3％），「10年以上」が108件（15.6％）であった。サポーティブハウスが設立された当初は，ホームレス状態から地域生活に移行するための一時的な住居だと認識されがちだったが，このデータから比較的長期間，サポーティブハウスに入居していること

119

がわかる。特に5年以上入居している者は全体の約40％にも上ることからサポーティブハウスが「終の住処」としての性格を有していることがうかがえる（図6-2）。

（3）サポーティブハウスの入居者属性

では，実際にどのような人びとがサポーティブハウスに入居しているだろうか。先の調査によれば以下のような入居者の特徴が把握できた。外国籍の入居者は1.4％と少なく，大半が日本国籍である。性別は圧倒的に男性が多く，98％を占める。サポーティブハウスには18歳から96歳までが入居しており，かなり幅広い年齢層が混住しているが，平均年齢は66.1歳となっている。また，65歳以上の入居者が全体の約60％を占めており，高齢者割合が高い。高齢者に対する介護認定該当件数は135件（入居者の18.9％）であった。内訳は要支援1が30件（4.2％），要支援2が24件（3.4％），要介護1が20件（2.8％），要介護2が25件（3.5％），要介護3が17件（2.4％），要介護4が11件（1.5％），要介護5が8件（1.1％）であった（図6-3）。

サポーティブハウスの入居者の特徴は年齢だけにとどまらない。経済的・社会関係的な不安定性も見出すことができる。入居者のおよそ70％程度が義務教育程度の学歴しか有していない。結果的に彼らが経験してきた仕事も不安定なものとならざるを得ず，入居者の約66％が長年にわたり非正規雇用として働いてきた。彼らが従事してきた職業は，「建設・土木関係」が最も多く，「工場関係」「清掃・警備関係」「輸送関係」が後に続く。全体としてブルーカラー職種が多く，ホワイトカラー職種が著しく少ない。このような経済的脆弱性のためか，結婚歴を有する者は36.5％にとどまった。また，結婚歴のある者のうち大多数が離婚を経験している。サポーティブハウスの入居者のうち，親族との付き合いが年に数回以上ある者は5％を下回り，75％以上が何年も連絡をとっていない。以上のようにサポーティブハウスの入居者は，一般的に想定されているセーフティネットから零れ落ちやすい特徴を有

第6章 ケアと住宅の共存を志向する

図6-3 介護度
- 要支援1 22%
- 要支援2 18%
- 要介護1 15%
- 要介護2 18%
- 要介護3 13%
- 要介護4 8%
- 要介護5 6%

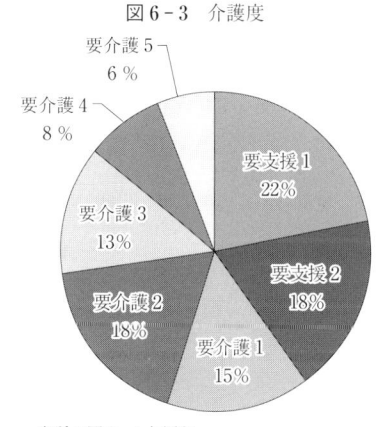

出所:図6-1と同じ。

図6-4 アルコール依存
- あり 16%
- 疑いあり 11%
- なし 73%

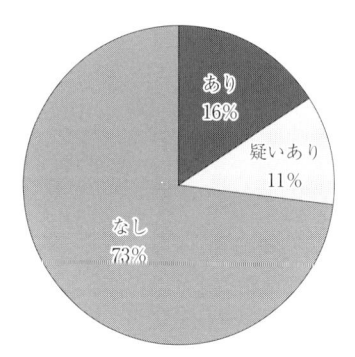

出所:図6-1と同じ。

図6-5 ギャンブル依存
- あり 11%
- 疑いあり 11%
- なし 78%

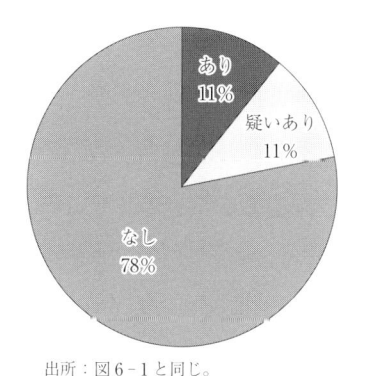

出所:図6-1と同じ。

図6-6 薬物依存
- あり 2%
- 疑いあり 1%
- なし 97%

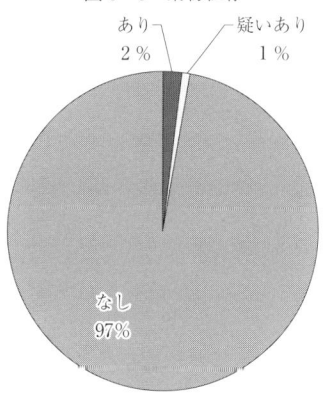

出所:図6-1と同じ。

しており，入居者の40％近くがホームレス経験を有している。サポーティブハウスの入居者の95％強が生活保護を受給しており，この「最後のセーフティネット」によって何とか生活を成り立たせている。

これらの特徴に加え，サポーティブハウスの入居者は何らかの疾病・障害を抱えている場合が少なくない。先の調査では「アルコール」「ギャンブル」

第Ⅱ部　実　践　編

図6-7　身体障害

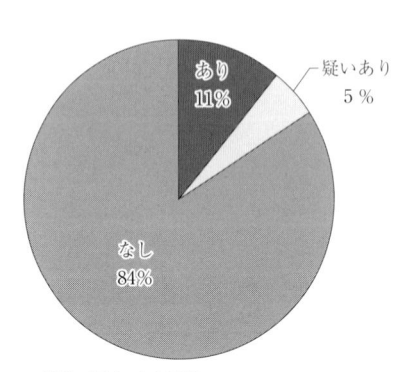

あり 11%
疑いあり 5%
なし 84%

出所：図6-1と同じ。

図6-8　知的障害

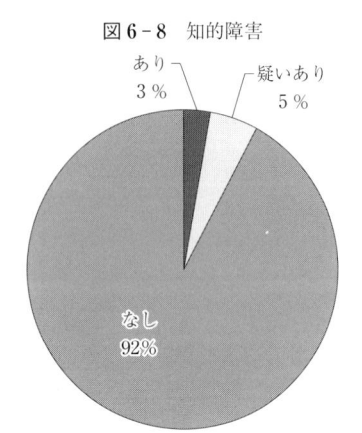

あり 3%
疑いあり 5%
なし 92%

出所：図6-1と同じ。

図6-9　精神障害

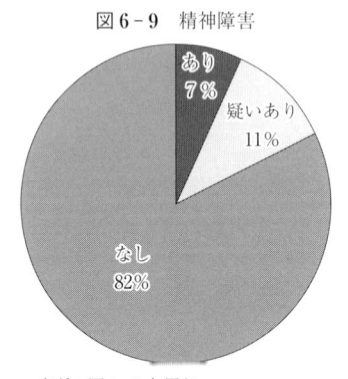

あり 7%
疑いあり 11%
なし 82%

出所：図6-1と同じ。

「薬物」の計3種の依存症の状況を「あり」「疑いあり」「なし」の3項目で問うた。結果，薬物依存のケースはほとんどみられないものの，アルコール依存とギャンブル依存は共に10％以上，「疑いあり」を含めると20％以上となった（図6-4～6）。

また，筆者らの調査では，「身体障害」「知的障害」「精神障害」の計3種の障害の状況を「あり」「疑いあり」「なし」の3項目で問うた。結果，「身体障害」については「あり」が10％を超え，「疑いあり」を含めると15％を超えた。「知的障害」については「あり」が3％弱となっており，「疑いあり」を含めても8％程度にとどまった。一方「精神障害」については「あり」が7％程度で，「疑いあり」を含めると18％を超えた（図6-7～9）。

第6章　ケアと住宅の共存を志向する

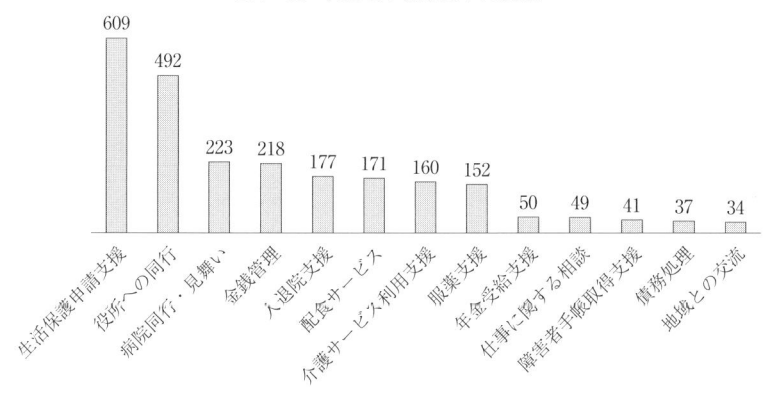

図6-10　入居者に提供された支援

支援内容	件数
生活保護申請支援	609
役所への同行	492
病院同行・見舞い	223
金銭管理	218
入退院支援	177
配食サービス	171
介護サービス利用支援	160
服薬支援	152
年金受給支援	50
仕事に関する相談	49
障害者手帳取得支援	41
債務処理	37
地域との交流	34

出所：図6-1と同じ。

(4) サポーティブハウスで提供される支援

　前節でみたように，サポーティブハウスの入居者は概ね親族との関係が乏しい単身男性である。また，依存症や障害を抱えている者や介護を要する者も少なくない。こうした人びとが集合住宅で一人暮らしが可能となるのは，サポーティブハウスのスタッフが入居者のニーズに応じてカスタマイズした多様な支援を提供しているからに他ならない。前述した調査によると，入居者が過去にサポーティブハウスから受けた支援メニューは，「生活保護申請支援」が609件（87.9％），「役所への同行」が492件（71.0％），「病院同行・見舞い」が223件（32.2％），「金銭管理」が218件（31.5％），「入退院支援」が177件（25.5％），「配食サービス」が171件（24.7％），「介護サービス利用支援」が160件（23.1％），「服薬支援」が152件（21.9％）であった。また，件数はさほど多くないが，「年金受給支援」「仕事に関する相談」「障害者手帳取得支援」「債務処理」「地域との交流」といった支援も受けていた（図6-10）。

　ホームレスを対象に居住支援を行う無料低額宿泊所や集合住宅においては，程度の差こそあれ，前述したような支援の提供に際し，「支援費」等の名目で費用徴収することが少なくない。一方，サポーティブハウスは支援の程度，

内容にかかわらず費用徴収はしていない。したがって、サポーティブハウスの入居者は家賃と共益費の支払いだけで比較的手厚いサポートを受けることができるのである。

6 サポーティブハウスが抱える課題

これまで見てきた通りサポーティブハウスは、あいりん地域におけるホームレス問題を居住支援というアプローチから取り組んできた先進的な社会的企業である。一方でサポーティブハウスは非制度的な存在であることから複数の課題も抱えている。以下ではそれらを三つに絞って論じる。

(1) 貧困ビジネスとの混同

サポーティブハウスはあいりん地域における深刻なホームレス問題の解決において大きな役割を担ってきた。しかし、生活保護受給者を主な対象とした民間セクターによる事業は、前述した無料低額宿泊所と類似の構造を持っており、「貧困ビジネス」と批判されることが少なくない。貧困ビジネスは「貧困層をターゲットにしていて、かつ貧困からの脱却に資することなく、貧困を固定化するビジネス」(湯浅 2008：193) と定義される。高木博史は貧困ビジネスを①金融系（消費者金融等）、②人材派遣系、③居住系（無料低額宿泊所等）、④その他（保証人ビジネス、ネットカフェなどの①～③周辺ビジネスなど）に類型化し、中でも③が社会問題化し、規制強化の動きが出ていることを指摘している (高木 2012)。

ともすればサポーティブハウスも入居者の大半が生活保護受給者であることから「貧困ビジネス」と揶揄されかねない。しかし湯浅の定義に従うならば、サポーティブハウスには「貧困ビジネス」というラベルは該当しない。なぜならば、サポーティブハウスは「囲い屋」と称される無料低額宿泊所や集合住宅のように入居者の自由を制限したり、家賃・共益費以外の費用を強

制的に徴収したりすることはないからである。サポーティブハウスへの入居は行政措置ではなく，一般的な賃貸住宅と同様，1年ごとの賃貸契約に基づいており，契約の更新および解除は本人の意思が尊重される。また，仮に入居中にトラブルが発生した場合はあいりん地域に多数存在する官民の相談機関を活用することができる。

　前述した通り，入居者の多くがあいりん地域のホームレス支援団体および生活保護施設からの依頼で入居している。加えて西成区のケースワーカーとサポーティブハウスのスタッフのインフォーマルな連携の中で入居者の支援を展開するケースも目立つ。これらの点を考慮するとサポーティブハウスは，あいりん地域の中で開かれた居住資源となっており，活動の実態が不透明な「貧困ビジネス」とは異質な存在であるといえよう。

　とはいえ，サポーティブハウスは非制度的な存在であり，その中で展開される各種の支援は必要に迫られる中で任意で行われるようになったものである。したがって，西成区をはじめとする公的機関とのフォーマルな事業連携があるわけではない。こうした状況下，入居者の大多数が生活保護受給者であるという点が問題視され，「貧困ビジネス」と混同される可能性は容易には拭えないものとなっている。

（2）居室の狭さ

　前述した通り，サポーティブハウスは日払いの簡易宿泊所から月払いのアパートに転換しているが，居室は当初から変わらず概ね3畳（4.9m^2）である。第8期住宅建設五箇年計画に定められている最低居住水準の居住室面積は，単身世帯の場合4.5畳（7.5m^2）以上，中高齢単身者の場合9畳（15m^2）以上である（阪東 2007）。以上のことからサポーティブハウスの居室は基本的に最低居住水準を満たしていない狭小なスペースであることがわかる。あいりん地域では飲食，洗濯といった生活機能の多くを住宅の外で行う「生活の外部化」（阪東 2007：196）が著しいため，居室の広さに拘泥する必要は必

ずしもないかもしれない。また，サポーティブハウスには居室の狭さを補う共同リビングが存在し，そこで催される各種行事や食事会などは社会的孤立を防ぐ働きをしている。

　しかし，今後，入居者が老い衰えていくことを考慮するならば，こうした居住空間は生活の不便さを惹起するものと考えられる。とりわけ入居者に介護が必要になったとき，事態はより深刻なものとなるだろう。今後，入居者の高齢化，要介護化が想定されるなか，サポーティブハウスには居室の拡張に向けた取り組みが期待される。しかし，居室を拡張すると一棟当たりの入居者数は減少せざるを得ず，経営の持続可能性が危ぶまれる。そもそも住居ではなかった簡易宿泊所が定住空間となってしまったことの構造的な困難がサポーティブハウスに立ちはだかっている。

（3）専門性の乏しさ

　サポーティブハウスではスタッフが多様な支援を入居者に提供していることは前述した通りだが，これらの支援は社会福祉の専門家によって担われているわけではない。もちろん，サポーティブハウスのスタッフたちは入居者との日常的な関わりを通じて彼らのニーズを適確に把握しながら支援しており，その豊かな経験に裏打ちされた実践知は生半可な専門知より有効な場合が多々あると考えられる。しかし，より質の高い支援を目指すならば，専門知に裏打ちされた実践をサポーティブハウス内で安定的に提供できる体制が必要になってこよう。

　現状では，サポーティブハウスのスタッフだけで対応することが難しいケースについては，あいりん地域で活動する医療，福祉，介護，法律の専門家などと協働しながら解決に当たっている。いわば，サポーティブハウス内部における専門性の乏しさを「地域」でカバーすることが一定程度可能になっており，このことは高く評価すべきであろう[12]。

　しかし，生活保護の住宅扶助を財源にした居住支援のあり方について十分

な社会的コンセンサスが確立していない中，今後，サポーティブハウスが一層の信頼を獲得し，他の支援付き住宅との差異化を図るためには専門職の配置は欠かせない。サポーティブハウスに社会福祉の専門家を配置できない大きな理由は，雇用に必要な人件費を現在の収益システムでは確保できないことにある。専門職を配置するための財源を入居者の生活扶助費からを調達することは，生活保護の目的を考慮すると好ましくない。何より入居者の経済状況を圧迫してしまうことになる。一方，生活保護受給者が暮らすことのできる賃貸住宅の家賃も上限が定められていることから，家賃を上げることもできない。こうしたジレンマを回避するためには入居者以外から財源を確保するルートが必要になってこよう。財源確保のルートとして寄付金等も考えられるが，比較的長期にわたって安定的に多くの入居者の支援を行っていくためには，自治体との連携が欠かせない。すでにサポーティブハウスは公的な住宅政策の脆弱さを補って余りある実践を独力でやってきた。こうした実績を土台に今後は自治体とのパートナーシップを深めていきながら，より質の高いサポートを持続的に提供できる体制へと移行していくことが期待される。

7　社会的企業としてのサポーティブハウス

　本章で取り上げたサポーティブハウスは，生活困窮者に向けて居住資源を提供することで，あいりん地域における深刻なホームレス問題の解決において大きな役割を担ってきた。第1章の社会的企業の類型に照らし合わせてみるならば，サポーティブハウスは生活保護制度における家賃扶助を主たる収入基盤にしている点において「公共サービス参加型事業」とカテゴライズすることができるかもしれない。ただし，介護保険制度のように事業所が提供すべき支援内容や対価が明確化されておらず，支援付き住宅は制度化した存在ではない。したがって，比較的規模の大きな準市場が存在するものの，典

型的な「公共サービス参加型事業」とはいいがたい。一方，サポーティブハウスは，地域で生じた福祉課題の解決を地域で活動する複数の事業体の連携のもとに図ろうとしている点において「コミュニティ基盤型事業」とカテゴライズすることもできる。さらに，サポーティブハウスの取り組みは基本的人権に関わることでありながら，その社会的課題が十分に社会的に位置づけられてはいないことから，「問題対応型事業」としての性格も強い。このようにサポーティブハウスを社会的企業として捉えた場合，多様な見方が可能となる。

　第1章で川村が指摘しているように，前述の三つの事業類型は理念型であり，相互排他的なものではない。強いて述べるならば，設立から10年以上が経過した今日のサポーティブハウスは，「コミュニティ基盤型事業」としての性格を土台にしながら，「問題対応型事業」から「公共サービス参加型事業」へと活動の性格が移行する過渡期にあるといえよう。2000年頃はサポーティブハウスの取り組みはきわめて新しいタイプの居住支援であり，ほとんど類例のないものであったが，今日，貧困と社会関係の稀薄さを背景にした生活困窮者の居住をめぐる問題は全国で顕在化しており，政府レベルで対応が検討されている。よって，今後の政府動向によってはサポーティブハウスが「公共サービス参加型事業」としての性格が強まることも考えられる。

　これまでみてきた通り，サポーティブハウスはあいりん地域におけるホームレス問題を居住支援というアプローチで対応してきた。設立から今日に至るまで，数千人規模の「住宅弱者」を受け入れ，生活の安定に向けた支援を独自に展開してきたことで当該地域の福祉課題の解決に寄与してきた。サポーティブハウスの設立当初である2000年頃は生活保護制度を活用した居住支援はほとんど類例がなく，まさに社会的企業の実験地であった。

　一方，昨今の日本社会では，地縁・血縁の揺らぎ，不安定な雇用の広がり，手薄な社会保障によって生活困窮者の居住をめぐる問題は全国的な広がりをみせている。脆弱な住宅政策を社会的企業が全面的に肩代わりことの限界は

第6章　ケアと住宅の共存を志向する

前節で述べた通りである。今日，生活保護制度を前提とした社会的企業による居住支援は実験的段階を終えつつある。今後は自治体とのパートナーシップを強化しながら支援の質を高めて持続可能な事業へと転換していくことが社会的企業に求められるのではないか。さまざまな課題を抱えた生活困窮者の居住支援を独自に展開してきたサポーティブハウスの取り組みの多くは，他の地域社会においても援用可能性を検討すべき先進事例であろう。その意味においてもサポーティブハウスが先駆者として今後どのように舵取するかが生活困窮者の居住問題と社会的企業の関係を捉える大きな論点になるだろう。

注
(1) 厚生労働省は2003年7月，「居住地がないことや稼働能力があることのみをもって保護の要件に欠けるものではない」とし，ホームレス状態にある人が生活保護を受ける際に，住居を確保できるように敷金を支給する旨を通達した。
(2) 代表的なものとして「ふるさとの会」（東京都台東区）の「自立援助ホーム」や「北九州ホームレス支援機構」（福岡県北九州市）の「自立支援住宅」が挙げられる。
(3) 生活保護法第38条において，「救護施設は，身体上又は精神上著しい障害があるために日常生活を営むことが困難な要保護者を入所させて，生活扶助を行うことを目的とする施設」と定義されている。
(4) 生活保護法第38条において，「更生施設は，身体上又は精神上の理由により養護及び生活指導を必要とする要保護者を入所させて，生活扶助を行うことを目的とする施設」と定義されている。
(5) 東京の山谷や横浜の寿町では，簡易宿泊所での生活保護受給が可能であったため，あいりん地域に比べ，早期に脱ホームレス化が進展した。簡易宿泊所を住居と見なすか否かは，地方自治体の裁量で判断されている。
(6) 以下，サポーティブハウスと表記するものはすべてサポーティブハウス連絡協議会に加盟するものを指す。
(7) NPO法人サポーティブハウス連絡協議会の会費収入が各ポーティブハウスの管理費や人件費に直接用いられることはない。
(8) 平成24年度大同生命厚生事業団地域保健福祉研究助成「『あいりん地域』にお

けるサポート付きアパートの入居者属性と支援に関する実態調査」(研究代表者:白波瀬達也)。
(9) なお,医療機関等での診断や治療歴がある場合は「あり」,医療機関にはつながっていながらスタッフなどの見立てで依存症の傾向がある場合は「疑いあり」とした。
(10) 各障害について,医療機関の診断や手帳等の所持などがある場合は「あり」,それらがなくスタッフ等の見立てで障害の傾向がある場合は「疑いあり」とした。
(11) 一方,障害者に対する介護認定該当件数は50件(入居者の7.0%)であった。内訳は「区分1」が21件,「区分2」が19件,「区分3」が5件,「区分4」が0件。「区分5」が3件,「区分6」が2件であった。
(12) 「あいりん地域総合相談窓口」に勤める社会福祉士が毎月,各サポーティブハウスに出向いて相談を行っている。

参考文献

稲田七海(2005)「生活保護受給者の地域生活と自立支援――釜ヶ崎におけるサポーティブハウスの取り組み」『季刊 Shelter-less』27, 82-102頁。
稲田七海(2011)「変わりゆくまちと福祉のゆらぎ」原口剛・稲田七海・白波瀬達也・平川隆啓編『釜ヶ崎のススメ』洛北出版。
稲田七海・水内俊雄(2009)「ホームレス問題と公的セクターおよび民間・NPOセクターの課題――『もう一つの全国ホームレス調査』を手がかりに」『季刊・社会保障研究』45(2), 145-160頁。
奥田知志・稲月正・垣田裕介・堤圭史郎(2014)『生活困窮者への伴走型支援』明石書店。
五石敬路(2011)「無料低額宿泊所は『貧困ビジネス』かケアか」『都市問題』102(10), 88-98頁。
厚生労働省(2009)「社会福祉法第2条第3項に規定する無料低額宿泊事業を行う施設の状況に関する調査の結果について」(無料低額宿泊施設等のあり方に関する検討チーム第1回資料)。
白波瀬達也(2011)「あいりん地域における新たな福祉課題とその対応 西成市民館の実践を事例に」『大阪市社会福祉研究』34, 17-26頁。
鈴木亘(2010)「無料低額宿泊所問題とは何か」『ホームレスと社会』2, 22-27頁。
髙木博史(2012)「『貧困ビジネス』概念に関する検討――生活困窮者支援の実践を通して」『長野大学紀要』34(1), 1-8頁。
阪東美智子(2007)「ホームレスの人々に対する居住支援・住居保障」福原宏幸編

『社会的排除／包摂と社会政策』法律文化社.

阪東美智子（2011）「『サポーティブハウス居住者調査2003年』の概要」水内俊雄・平川隆啓・冨永哲雄編『大阪府簡易宿所生活衛生同業組合50年誌』大阪市立大学都市研究プラザ.

水内俊雄（2010a）「ホームレス支援による居住福祉の試みとインナーシティ再生」『貧困研究』2, 9-13頁.

水内俊雄（2010b）「生活保護を切り札とする脱ホームレス支援と社会ビジネス」『消費者法ニュース』85, 86-90頁.

水内俊雄（2012）「脱ホームレス支援から学ぶ日本型『社会住宅』の現状と可能性——ポストホームレス自立支援法と住宅のナショナルミニマム」『ホームレスと社会』5, 63-72頁.

湯浅誠（2008）「貧困ビジネスとは何か」『世界』783, 191-197頁.

米野史健（2010）「住宅弱者に対するさまざまな居住支援の取り組み」『ホームレスと社会』2, 39-47頁.

コラム4

貧困ビジネスと社会的企業の見分け方
──貧困問題に対峙するほっとプラスの相談支援現場から

　ほっとプラスは，年間，約300名のさまざまな生活課題を抱える生活困窮者に対する相談支援事業を展開している。また，地域の空き家を活用するタイプのケア付き住宅を開設し，さいたま市内に8カ所，約40世帯に住居提供を行っている。法人役員は，元労働組合役員，弁護士，司法書士，社会福祉士であり，スタッフはさまざまな資格を有する5名で，運営がなされている。

　ほっとプラスは，2002年，筆者が福祉系大学在学中にホームレス支援団体のボランティア活動に参加するところから始まる。その際にホームレスの人びととともに，福祉事務所へ同行して支援を求める取り組みを展開し，社会福祉の理念や倫理と反する福祉事務所の実態や窓口対応，生活保護法などの法令が守られていない現場に対応していく活動を行ってきた。

　ホームレスや生活困窮者は，生活課題が複雑で多様化している場合が多い。そのため，長期的な支援関係を結びながら，居住支援も行っている。ホームレス数の多い東京都や大阪府などの地方自治体は，緊急一時宿泊所や自立支援センター，シェルターを設置している。各施設とも数十人から数百人入所できるスペースを設置し，社会福祉法人やNPO法人に委託して，居住支援を行っている。またそれ以外は，生活保護施設や養護老人ホーム，無料低額宿泊所による施設福祉が中心である。ホームレス居住支援の現状は，こういった施設中心の支援であり，民間賃貸住宅や公営住宅，小規模グループホームなどの活用は未だに進んでいない。

　ホームレスのニーズは，どのような状態であれ，施設ではなく，普通の暮らしを地域で行いたいというものが多い。しかし，生活課題を多様に抱えた場合，本人のみでは生活が成り立たないこともある。そのため，日常的な生活支援を居住とセットで提供する小規模な住宅や居住場所が必要である。そのため，地域で空き家や空きアパートになっている資源を有効に活用し，社会資源化してホームレスに提供することや一時的な居所として提供することによって，生活支援を地域に根ざして行うように試行的に行う事業を展開してきた。

　これらケア付き住宅は，入所者の利用料収入によって運営が行われている。部屋の環境や広さにもよるが，キッチン付きのワンルームや6～8畳の個室を月額4万5,000～4万7,000円で設定している。利用料は，利用者の生活保護費や年金収入などから賄われる。家賃の一部は，法人職員の支援に係る人件費や事務所経費，事業費などに充てられている。

コラム4　貧困ビジネスと社会的企業の見分け方

　ケア付き住宅の入居期限は，特に定めていないが，なるべく早く（概ね1年を目標に）地域のアパートなどに転居できるように支援を展開している。入居者はその一室で生活している間に，必要に応じ，生活保護申請や多重債務の処理，各種福祉サービス利用などを行う。ホームレスの中には，「ネットカフェ難民」「ワーキングプア」などと呼ばれる人びとや，刑務所出所者，病院の社会的入院患者，近い将来居所を喪失する可能性を有する人びとなど「潜在的なホームレス」も内包している。そのような人びとから日々，さまざまな相談が寄せられている。人によって，年齢や性別，有している病気や障害もさまざまであり，生活課題も多様である。そのような相談支援の現場の多様なニーズに応えるためには，専門的できめ細かなソーシャルワークが行える体制を整える必要がある。

　しかし，これらの社会資源や運営方法は，社会的企業ではなく，「貧困ビジネスではないのか」と非難されることがある。生活困窮している人びとを集め，施設に入所させ，不当な利用料を徴収しているというものだ。実態として，そのような貧困ビジネスは首都圏を中心に蔓延しており，それらの施設から逃亡し，相談に来る人びとも後を絶たない。一言でいえば，良い施設と悪い施設の評価尺度がなく，玉石混合であるといえる。そのため，非難もすべてを一括りにして行われるものがある。

　ただし，①十分な説明の後に書面によって契約がなされていること，②支援計画をたて専門性の高い相談援助が展開されていること，③利用者の苦情対応窓口が設置されて機能していること，④利用者の満足度が高いこと，⑤失踪者・無断退所者が少ないこと，などを指標に施設サービスの良し悪しを量ることは可能であろう。貧困ビジネスから逃亡して相談に来た人びとが繰り返し指摘していることである。これらの声を基にした評価尺度づくりが求められており，調査・研究が待たれるところである。

　そして，社会的企業との見分け方として重要になるのが，当該事業において，「自己批判性」と「社会変革志向性」を有しているか否かであろう。自己批判性とは，なぜ当該事業を行う必要性があるのか，常に事業の意義を問い，利用者に適切なサービス提供が行われているのか確認することである。そして，社会変革志向性は，当該事業を行うことが目的ではなく，社会変革に寄与することができているか，その可能性を有しているかである。当該事業は本来，誰が行うべきなのかを問いながら，モデルを示し，地域で不足しているサービス資源を調達するように，さまざまな機関に働きかける必要がある。この二つの性質は，社会的企業に必要な要素であり，どちらが欠けても貧困ビジネスや一般的な企業と変わらない事業となってしまうだろう。先例がない中で手探り状態は続いているが，引き続き，社会問題を解決するツールとして，社会的企業のあり様を福祉実践の展開の中から模索していきたい。　　　（藤田孝典）

第7章	共感とつながりを生み出すコミュニティ基盤型事業の展開
	——住まいみまもりたい
	柴田　学

1　「第四の消費」社会を感じることはできているか

　三浦展は『第四の消費——つながりを生み出す社会へ』(2012) という著書の中で，日本の消費社会が第4段階に入った事を言及している。第1段階は，都市部の少数の中流階級が消費を楽しんだ時代 (1912-1941年)。第2段階は，高度経済成長の波に乗って大量生産商品が普及した，家族を中心とする消費が進んだ時代 (1945-1974年)。第3段階は，消費が個人に向かった時代 (1975-2004年)。そして，第4段階は，消費市場の縮小を背景に人とのつながりを重視するようになった時代 (2005年〜) である。この第3段階から第4段階へ変化した大きな特徴の一つとして，「個人志向から社会志向へ，利己主義から利他主義へ」(三浦 2012：140) を挙げている。私たち現代人は，感性に従い個性を発揮しようとした時代を経て，今は社会や他人に貢献することにこそ幸福を感じるような時代に生きているという。

　しかし，私たちは「人とのつながりを重視」し，「社会や他人に貢献することにこそ幸福を感じる」ということを，日々の暮らしの中で実感することがあるだろうか。例えば，暮らしを展開する場である「地域社会」に目を向ければ，その生活構造はここ数十年で大きく変化している。日々の生活を支えている地域経済は，地場産業の衰退や中小零細企業の減退といった地域経済や産業構造問題で暗い影を落とし，グローバリゼーションによる金融や情報・流通のシステム，そして人材の国際化が，地域社会の空洞化を加速度的に導いている。また，終身雇用や年功序列型の賃金構造の崩壊を背景とした

非正規雇用者の増大に伴う働き方の変容，さらにはワーキングプアやニートの増大など，格差社会が顕在化し，相対的貧困率も上昇している⁽²⁾。こうした生活構造の変容を踏まえた時，社会や他人に目を配れるほど，余裕がある暮らしをしている人はどれだけいるだろうか。日々の暮らしで精一杯ではなかろうか。NHKの報道番組から「無縁社会」という言葉が広がったが，それは孤独死が後を絶えない現実について，つながりや絆が薄い社会への警告から始まっている（NHK「無縁社会プロジェクト」取材班 2010）。

人とのつながりを重視するようになった時代になったといわれ，社会や他人のために貢献したいという思いや願いがあったとしても，それを実感し発揮できる場所や環境が地域社会になければ，結局は三浦の提言する「第四の消費」社会を感じづらいまま，生きていくことにはならないだろうか⁽³⁾。本章が着目する「コミュニティ基盤型事業」は，ビジネスの手法を用いて地域社会の抱える課題を地域住民が主体となって解決する営みである⁽⁴⁾が，それは地域で暮らす人と人を結びつけ，誰もが地域社会に貢献できる場を構成・構築していくという意味での「社会貢献機能」を充足する役割も有しているといえる。

今回事例として取り上げる住まいみまもりたいは，大阪府大東市野崎参道商店街を拠点にコミュニティ基盤型事業を展開している社会的企業である。本章では，住まいみまもりたいの成り立ちや仕組みを通して，住まいみまもりたいが社会的課題をどうビジネスという形で解決しているのか。そして，そのことが「コミュニティ基盤型事業」を語る上で，どのような意義，課題，教訓を持つのかについて論じていく。

2　住まいみまもりたいの活動概要

(1) 創設の経緯と背景

大阪府大東市は人口12万5,150人，大阪市（鶴見区）や寝屋川市・東大阪市・門真市・四條畷市・奈良県生駒市などの大〜中都市の近郊に位置してい

る。また，中小企業も多く，京セラの携帯電話などの製造工場も存在するが，特に大阪市内までは電車で10分程度という事もあり，住宅地としての側面も大きい。高齢化率は20.9%だが，「大東市閉じこもり高齢者対策検討委員会報告書」(2012) によれば，高齢者世帯数は全体数（約5万4,000世帯）の30%を超えており，報告書の対象者である閉じこもり高齢者は，高齢者数の3分の1を占める割合で存在している事を指摘している。特に，閉じこもり高齢者については，さまざまな個人的要因から生活のしづらさ・不自由さを感じる部分もあるだろうが，環境的要因からすれば，例えば，近所付き合い・近隣同士のつながりが希薄な事や，助け合い意識（相互扶助機能）の低下といった事が，結果として閉じこもり高齢者を生み出すという現状を顕在化させているともいえよう。

　また，高齢化が進む現状の中では，独居高齢者を狙った悪徳商法が広がりをみせている。家財道具の処分において法外な代金を請求したり，シロアリ駆除が必要だと高齢者を騙し高額料金を請求するなど，その被害は全国的にも後を絶えない。大東市においてもその流れは顕著であり，高齢者が悪徳商法において騙されるケースが頻発していた。こうした状況を垣間みた吉村悦子氏が2004年に設立したのが，現在の住まいみまもりたいである。

　当初は，悪徳商法への対応，特に法外な代金の家財処理やリフォーム詐欺に向けて対策や「住まい」の困りごとを解決するために，地域住民と（住宅リフォームや掃除・メンテナンスなどの）良質な業者をつなぐ中間支援組織として，地域の高齢者が気軽に相談できる地域拠点をつくる事を目的としていた。現在でも，ハウスクリーニングや害虫駆除，住宅リフォームやメンテナンスに関する相談を受け付け，行政や企業と連携しながら仲介事業を無料で実施している。

(2) 住まいみまもりたいの主な事業内容

1) 「住まい」に関する直接的な市民サービス事業の展開

　高齢者の「住まい」に焦点を当てた相談活動を展開していく中で，住まいみまもりたいが発足して間もない2004年度末には，相談事業だけではなく，直接的な事業として，粗大ゴミの搬出・不要品回収・遺品整理といった事業（以下，搬出等事業）を展開することとなる。きっかけは，大東市役所からの相談であった。その内容は，①粗大ゴミを外まで出すことが困難な高齢者が増加していること，②市役所だけでその対応をするのは困難であるため協力体制を構築できないか，というものであった。こうした市役所からの要請を受けた吉村理事長は，当時のアルバイトスタッフとともに粗大ゴミ搬出の仕事に取り組み出した。当初は月4～5回程度だったが，次第に相談が増加し，現在では平均月20件程度にまで達し，住まいみまもりたいの一番の収益事業に成長している。

　不用品の運び出し等の費用については，1人スタッフ対応で1時間3,000円，2人スタッフ対応で1時間5,000円である。一般企業が搬出作業を実施する場合の相場は2トン車1台で30万円程度かかるが，住まいみまもりたいの搬出サービスではその3分の1の値段で実施している。また，粗大ゴミに関しては「産業廃棄物」扱いではなく，個人の家庭ゴミとして扱うようにしているため，手数料としても安価で使いやすいサービスとなっている。現在では，大東市だけではなく，近隣の市からの依頼も増加し，対応している。

2) 「暮らし」に関わる事業としての「リサイクルショップ」

　当初は，家財道具の片づけや搬出した粗大ゴミを市に引き渡すことのみで事業を展開していたが，吉村氏は，不用品回収や遺品整理をしていく中で，まだ使用できる代物も多く，単に処分するには"もったいない"と感じていた。そこで，2006年8月には，そうした代物をリサイクルできる機能として，野崎参道商店街内にリサイクルショップ「もったいない情報サロン」を立ち上げることとなり，事務所も大東市の展開するビジネスインキュベーション

施設から野崎参道商店街へ移転した。なお，事業の立ち上げに向けて，同年に経済産業省における「全国都市再生モデル調査事業」を採択し，その補助金によって賄うことができた。

リサイクルショップでは，粗大ゴミとして処分することを検討していた代物を中心に販売しているため，供給コスト（仕入れ値）は0円であり，そのまま住まいみまもりたいの活動収益になる。また，近年では商店街に通う地域住民からも，商品を寄贈してもらえるようになり，財源の一つとなっている。リサイクルショップでは，スタッフと地域住民が気軽に話をしながら，その空間を楽しむという，文字通りの「サロン」としての機能を果たしているとともに，時には，地域住民がリサイクルショップに訪れた客に接客している事もあるという。そういう意味では，「住まい」から「暮らし」に密着した事業として成立しているといえよう。また，現在では代物の半分以上は，地域住民からの寄贈により提供されており，粗大ゴミや提供されるものも含めて衣服のリサイクル品が多い。また，売れ筋商品としては，家具や植木鉢といった代物が多く売れるという。

3）ちょっとした住民ニーズに対応する「ワンコインサービス事業」

2011年からは，30分500円のワンコインサービス事業を，大東市限定で試験的に展開している。当初このサービスは，市役所行政からの相談から始まり，生活保護受給者が働く場を構築する上での社会復帰の一つとして企画された[7]。

住まいみまもりたいは市民から依頼が入れば，有償ボランティアスタッフ（主に大東市の地域住民が5名程度登録）へ連絡。スタッフは自転車で依頼先へ訪問し，仕事をこなす。住まいみまもりたいとしては，30分500円中100円の手数料を受け取り，残りの400円が有償ボランティアスタッフに支払われる仕組みになっている。

主な仕事としては，庭の草刈り・草抜き，家の簡単な掃除や犬の散歩，買い物から，簡単な家具の組み立て等といった簡易な内容だが，近隣住民との

関係が希薄化し，簡単な頼み事もできない現在の状況下において，利用者からの評価は概ね好評であり，積極的なプロモーション活動を行っていないにもかかわらず，口コミで評判となり，月に20件以上，1日に2～3件ペースで仕事の依頼が来るという。最近では墓石の掃除や納骨をしてほしいという依頼があるなど，まさしく市民目線であり介護保険制度では対応できないデリケートな生活密着型の依頼への対応も増加している。また，この事業では福祉専門職のルートからも依頼も多く，事業を通じて連携する場面も多くなっている。

（3）事業を通して取り組んでいるミッションと地域課題

このように，住まいみまもりたいは，高齢者を含めた地域住民の「住まい」と「暮らし」のニーズに対応することによって，柔軟にさまざまな事業を展開してきた組織であるが，住まいみまもりたいが目指しているのは，「行政サービス・介護保険サービスの届かない地域の"困った"を市民サービスで解決し安心して暮らせる地域社会[8]」である。吉村氏によれば，変わらないミッションとしては，地域住民のさまざまな不安や困りごとを解消するための相談窓口であり続けている事であるという。言い換えるならばそれは，制度サービスでは対応できない地域住民の「住まい」「暮らし」のニーズに対応する市民サービスを創造することにより，ミッションを具現化している営みと捉えることもできる。

また，取り組むべき課題も，高齢者の「住まい」に関する課題対応から，粗大ゴミ搬出・リサイクルショップ事業を通じて「暮らし」の課題，さらにはちょっとした生活の困りごとへの課題にも発展・対応するようになるなどの変化がみられる。

（4）住まいみまもりたいの組織体制

現在の住まいみまもりたいは，理事長含めた正規スタッフ5名，アルバイ

図7-1 予算(収益)規模

その他 5％
リサイクルショップ事業 30％
搬出等事業 65％

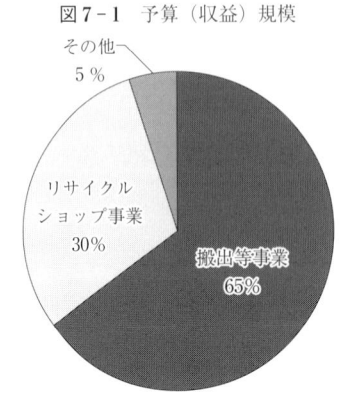

出所：住まいみまもりたいインタビュー調査より。

トスタッフ4名という小規模で運営されている。ワンコインサービスの有償ボランティア登録者は5名程度である。予算（収益）規模としては搬出等事業が全体の65％，リサイクルショップ事業が30％，その他（講師依頼やイベント事業など）で5％となっている（図7-1）。

3 コミュニティ基盤型事業としての意義

(1) 地域課題解決のためにビジネスの手法をどのように活かしているのか

1) 暴利なゴミ処理問題を搬出等事業で対応したことによる「市場の歪み」の是正

　住まいみまもりたいが取り組んだ地域課題は，悪徳商法の問題に対応すること，特に高齢者を狙った法外な代金の家財処理やリフォーム詐欺に向けて対策をとることであった。前述したように，一般企業が搬出作業を実施する場合の相場は2トン車1台で30万円程度かかるものを，住まいみまもりたいの搬出サービスではその3分の1の値段で実施している。粗大ゴミを個人の家庭ゴミとして扱い，その家庭ゴミを共同のゴミステーションへ運んだり，「もったいない」代物はリサイクル品として寄贈してもらうことを事業として展開している。

　そもそも，一般企業における搬出サービスそのものが高すぎるという事にも起因するが，その儲けに群がり，さらには弱い立場になりやすい高齢者をターゲットにして暴利をむさぼる悪徳業者が増加するという「市場の歪み」

が招いた結果であるともいえる。また「市場の歪み」という部分でいえば，本来ならば産業廃棄物扱いにしなければならないゴミを，家庭ゴミとして共同ゴミステーションに違法投棄し，高齢者には産業廃棄物扱いで費用を請求するといった業者も後が絶たなかった。しかし，実際に住まいみまもりたいによる搬出等事業が市内に浸透していくに連れて，企業による違法な形でのゴミ処理は無くなっていったという。後述するが，住まいみまもりたいが展開している搬出等事業は営利目的ではなく，あくまで「市民活動」がベースとしてあり，行政とのパートナーシップや信頼関係を持ちながら進めている。そうしたスタンスが，搬出等事業を通じて，弱い立場になりやすい高齢者を悪徳業者から守り，「市場の歪み」を是正する小さな一歩にもつながっているといえよう。

　2）「もったいない」精神で粗大ゴミや不必要な代物を「マネタイズ」する

　住まいみまもりたいがリサイクルショップで販売しているリサイクル品は，買取した商品ではなく，あくまで寄贈によるものであるためコストはかからず，貴重な財源の一つとなっている。仕入れ値のコストは実質0円であるため，赤字になることはない。しかし，売らなければ収益も0円である。それらは売ることによって，初めて収益になる。こうした寄贈物を「リサイクル品」というビジネスとして成立させたことによって，継続した事業・組織運営を可能にしているのである。

　そもそも粗大ゴミとして扱われたものや不必要になった代物など，一見価値が無くなったと思えるものを「もったいない」精神で財源に変え，収益を生むことに成功したという意味では，いわゆる「マネタイズ」することを現実的に成功させたビジネスモデルであるといえるだろう。「マネタイズ」とは，無収益なモノから収益を生む事業へと変化させる意味合いで使われることが多いが，この「マネタイズ」の成功が，「もったいない情報サロン」において"赤字"を生まない，持続可能な収益モデルに導いているといっても過言ではない。

資料7-1　リサイクルショップ「もったいない情報サロン」店内の様子

3）搬出等事業とリサイクルショップ事業のクロスオーバーにより生み出されるもの

　住まいみまもりたいのビジネスモデルで特徴的なのは，搬出等事業や地域住民により譲り受けた代物などを「リサイクル品」として販売していることであろう。特に，搬出等事業は，暴利なゴミ処理問題に対応することを具現化した営みであったが，そこから埋もれていた「もったいない」代物を，リサイクルショップでの売買を通じて，コミュニティの中で必要としている人に融通し合うという流れが確立している。これは，コミュニティ資源を再発掘し，「リサイクル」という形で利活用することで存在価値を見出したこと。そしてビジネスが生み出す消費行動が，ある種の「お互い様精神」を間接的かつ有機的に引き出したことにつながっているといえる。

　そういう意味では，搬出等事業とリサイクルショップ事業をクロスオーバーさせたビジネスを通じて，コミュニティが提供する資源を好循環させ，有機的かつ間接的な相互扶助機能を引き出すサイクルや営みを成立させたと考えられる。

4）「有償性の原理」を意識した結果としての「ワンコインサービス事業」

　ワンコインサービス事業では，単なる無償ボランティア活動ではなく，あえて有償ボランティア活動としてのサービスを展開している。それは，出発の原点があくまで生活保護受給者に対する「ちょっとした仕事づくり」であったことがポイントとなるだろう。つまり，自分の働きに対して対価を得るという「有償性の原理」を意識した結果が，ワンコインサービス事業として具現化したといえなくもない。

　実際に想定していた担い手とは違ってきたが，それでも，近所に暮らす地域住民が無理なく取り組むことができ，ちょっとした地域の困りごとに関わることで，対価が支払われる仕組みは，地域に貢献する「ちょっとした仕事づくり」に寄与している。同時に，年金収入が年々減少している元気な高齢者にとっては，ちょっとした小遣い稼ぎで生活費の足しにもなるという相乗効果を生んでいる。

　しかし，後述するが，実際にワンコインサービス事業自体は，あくまで試験的であり，ビジネスモデルも確立していない不採算事業であるため，課題も多い。

（2）ビジネスがなぜ可能なのか――可能にする外部環境
1）　あくまで市民活動であるという認識

　住まいみまもりたいでは搬出等事業が一番の収益事業であり，持続可能なビジネスとして成立している。前述したとおり，一般企業による廃品回収等は産業廃棄物扱いになるのと違い，住まいみまもりたいの場合は，捨てられずにいる個人家庭の粗大ゴミを，近くの共同ゴミステーションに運びに行く作業であり，それを行政が引き取りにくる料金でサービス設定をしている。営利企業である他社と比較しても価格設定も安価なわけだが，まず，この事業が成立する要因の一つとして，この事業があくまでNPOが実施する「市民活動」であると認識されていることであろう。家から出したくても出せな

い粗大ゴミや不用品を回収したり，外へ出すという手助けがNPOとしての目的であり，単純な営利目的ではない「市民活動」[9]なのである。あくまで「市民活動」であるというコンセプトで，外部から認識されている事が，逆にこの事業を持続可能なビジネスとして成功に導いているといえよう。

2） 行政とのパートナーシップと信頼関係

また，この搬出等事業が成立した背景には，行政とのパートナーシップや信頼関係が構築されていることも大きい。もともとは大東市役所の要請から始まった事業であるが，さらに信頼が深まるきっかけがあった。一時期，企業による不良品回収のチラシが多くポスティングされていたが，その企業の多くが，本来企業としては産業廃棄物として処分しなければならないものを，一般家庭のゴミのような違法な形で処分し，利用者からは産業廃棄物を処分する値段で料金を請求していたのだという。

そうした背景の中で，住まいみまもりたいの搬出等事業は，粗大ゴミなどを共同ゴミステーションまで運ぶのを有償で手伝う「市民活動」ということもあり，違法性もなく，安心して大東市民にも紹介できるとともに，行政としてもチェックしやすい関係性もある。行政とのパートナーシップや信頼関係が構築できているからこそ，大東市民にも「市民活動」であるとともに，安心して依頼できるサービスとして受け入れられる土壌ができたのではないかと考えられる。

3） 商店街という立地

搬出等事業以外にも，リサイクルショップ事業などさまざまな事業を展開しているが，吉村氏によれば，住まいみまもりたいの活動に勢いがついたのは，野崎参道商店街という立地に事業所拠点をつくれたことが大きかったという。

当初は，大東市のインキュベーション施設内に事務所を開設していたが，2006年に「全国都市再生モデル調査事業」での補助金獲得を機に，商店街の空き店舗へ移転している。その補助金を用いて商店街内に「無料休憩所」を

第7章 共感とつながりを生み出すコミュニティ基盤型事業の展開

資料7-2 リサイクルショップ「もったいない情報サロン」の外観

開設し、その後は「もったいない情報サロン」へと発展したわけだが、野崎参道商店街では、地域住民の流れも多く、駅へ向かう途中であるという立地の良さもあり、利便性も高い。また、商店街に事務所があるということで、商店街振興組合にも所属し、地域からの信頼も得やすくなった。リサイクルショップとしての「もったいない情報サロン」の成功も、商店街という環境が功を奏したといっても過言ではない。また、他のNPO活動を実施している関係者も集まりやすく、市民活動を広げるうえでの波及効果にもつながっている。

なお、住まいみまもりたいでの成功を受けて、吉村氏は2009年より商店街振興組合の理事長に就任し（現在は理事長を交代している）、当時20%もの商空き店舗率だったものが、現時点では2件程度までに減少するなど、商店街そのものの活性化にも貢献している。

4） 福祉専門職との連携による生活ニーズの掘り起こし

　商店街という立地の良さは，やがてさまざまな地域の相談にも対応しやすい機運を生むことにもつながる。前述したように，近年では，行政のみならず，福祉専門職からの相談も多く寄せられている。「ワンコインサービス事業」創設は，市役所行政からの相談からスタートしたものだが，現在ではケアマネジャーや社会福祉協議会の職員からの相談や依頼も多い。特に，ケアマネジャーから，介護保険サービスでは対応できないちょっとした生活ニーズへの依頼が多いのだという。

　さまざまな個別の生活ニーズについては，福祉専門職が把握していることが多く，住まいみまもりたいとしては，「ワンコインサービス」を通じて，福祉専門職との有機的な連携を強めている。その連携が，個々の生活ニーズを掘り起こし，「ワンコインサービス」によるさまざまな「ちょっとした手助け」の有償ボランティア活動を促進するとともに，新たな事業創出のニッチ開拓にもつながっている。

（3）ビジネスであることが組織運営に与えている効果

　搬出等事業やリサイクルショップ事業によるビジネスによって，組織そのものの運営に与えている効果とは何か。

　第1に，「顧客満足」を意識して事業展開を図ったことである。住まいみまもりたいが展開している搬出等事業が軌道に乗り出した時期には，搬出等事業の取り組みを聞きつけ，同様の事業を展開するような事業者も出てきたという。つまり，競合相手が表れていた事を意味する。市としても，ゴミの搬出に関する相談時には両方平等に紹介せざるを得なかった。その際，住まいみまもりたいが意識したのが，徹底した顧客満足である。考え方は実にシンプルであり，例えば，早期に対応したい案件（突然の引っ越し作業等）が依頼としてあれば，すぐに見積書を出し，丁寧かつ迅速に対応する事である。単なるボランティアの延長上での活動ではなく，あくまで顧客を意識した事

業展開を行ってきたことが，同じような事業を真似て展開してきた事業者との差別化を図ることにも成功し，顧客の満足と地域の信頼にもつながっていったといえる。

　第2に，「補助金に依存していない」ということである。住まいみまもりたいでは，外部から資金獲得をすることもあるが，基本的には行政からの委託や補助金には頼らず，搬出等事業やリサイクルショップ事業などにより安定した収益をあげて運営されている。無理の無い程度に，独立採算性を担保しながら事業を展開している。これは，住まいみまもりたいがNPO法人という形態をとった「市民活動」でありながらも，地域にある商店や中小企業と同様のスタンス（いわゆる商人的発想）を持っていることにも起因しているのではないか。つまり，商人であれば自分たちで稼ぎ，その収益でスタッフも雇用するという一貫した発想を持っていることが，行政からの委託や補助金に頼らずに事業を運営することにもつながっているといえなくもない。

　そして第3に，「もったいない情報サロン」では，地域住民が気軽にサロンのように立ち寄り，場合によっては店番も担ったり，リサイクル商品の値段も地域住民が決めることがあるなど，コミュニティ参加型の運営が展開されていることである。こうした風景も，無料でリサイクル品を提供するのではなく，ビジネスとして商品を売るという行為がなければ成立しなかったであろう。そういう意味では，地域住民も住まいみまもりたいの担い手であり，組織運営に大きく影響を及ぼしているといえる。

4　実験的事業の安定的操業と暖簾わけ（NPOのフランチャイズ化）
　　――どんな課題に直面しているのか

　ここまで，住まいみまもりたいにおけるコミュニティ基盤型事業について着目してきた。では，今後の住まいみまもりたいが事業展開を進めていく上で，どのような課題があるといえるのか。

実験的にスタートしたワンコインサービス事業については、福祉専門職との有機的連携を強めるきっかけとなったサービスではあるが、基本的には不採算事業であり、住まいみまもりたいの収益事業として貢献しているわけではない。そもそもは、「生活保護受給者への仕事の場づくり」という視点から公共的課題解決を目指したものが、結果として、想定していた担い手は地域住民へと変化している。そういう意味で、例えば本書の枠組みでいうところの、「公共サービス参加型事業」を目指すのか、それとも「コミュニティ基盤型事業」を目指すのか、という事業の方向性も不確定要素として残っており、まだまだ模索の段階であることは否めない。また、十分な有償ボランティアスタッフの確保ができていないとともに、依頼の急増により正規スタッフが対応する事も多く、結果としてコストがかかっていることが考えられる。今後は、この活動に賛同する有償ボランティアスタッフの育成も必要であろうし、スタッフの確保についても、例えば会員制を導入した組織化活動をシステム化させるなど、コミュニティ資源を導入する仕組みを構築することも安定的操業における最重要課題であろう。

　そして、吉村氏によれば、今後は住まいみまもりたいのビジネスモデルを、他地域にも広げていけるような、いわゆる「暖簾わけ（NPOのフランチャイズ化）」の展望があるのだという。確かに、家屋がゴミ屋敷化する問題等は、大東市に限らずさまざまな地域で起こっている問題であるし、住まいみまもりたいのリサイクルショップ事業についても、形だけでいえばパッケージ化しやすいビジネスモデルである。しかしながら、本章で分析してきたように、住まいみまもりたいのビジネスが成立したのは、行政とのパートナーシップ構築、地域住民からの信頼関係、立地条件など、決して表面的なビジネスモデルだけに起因していないのも事実である。また、ゴミ屋敷問題を社会問題として捉えることから出発するのか、そもそもの組織のミッションである地域の相談窓口というところから出発するのかによっても、事業のスタンスは違ってくるだろうし、他地域では競合相手が出てくる可能性もある。「暖簾

わけ」が表面的なビジネスモデルの伝承だけにならぬよう，住まいみまもりたいのミッションやコンセプト，行政や地域住民との信頼関係構築のノウハウ，他業種とのネットワーク形成の方法論等も含めた総合的なパッケージ化やミッションマネジメントが求められるであろう。

5　共感資源の重要性と消費行動から生まれる"つながり"
――事例から学べる教訓とは何か

本章では，住まいみまもりたいにおけるコミュニティ基盤型事業の取り組みについて，筆者なりの分析も含めて紹介してきた。その締めくくりにあたり，改めて住まいみまもりたいの事例から学べる教訓とは何かについて考察を試みたい。

(1) 共感資源の重要性

住まいみまもりたいの事業活動は，どの事業もあくまで「市民活動」であることを前提としている。それは，住まいみまもりたいの活動に対して，行政や地域住民，企業からも共感を得ることで，それが重要な資源となり，活動の持続性につながっているといえる。リサイクルショップ事業への地域住民の寄贈も，搬出等事業による行政からの理解も，福祉専門職からの依頼も，企業からのバックアップも，すべては住まいみまもりたいへの活動に対する共感や信頼から始まっている。

神原（2005）によれば，（主にコミュニティ・ビジネスを想定した）コミュニティ基盤型事業の発展段階においては，同じような問題意識を持った人びと（当事者同士）が集まるだけではなく，当事者だけではない地域全体の人びとからの共感・賛同・支持を得ることで，社会的なネットワークへと発展するという。つまり，こうした共感資源は，地域のアクター同士による共感を生み出すネットワークの発展や広がりがなければ成立しなかったといえるだろ

う。

（2）消費行動から生まれる"つながり"

　前述したように，リサイクルショップである「もったいない情報サロン」においては，地域住民が店番をしたり，商品に値段をつけるなどの参加型運営が成立している。こうした風景は，ビジネスという「売る⇔買う」という消費行動によって形成されており，そこから住まいみまもりたいと地域住民のつながり，ないしは地域住民同士のつながりが生まれている。これが単なる寄贈商品を集めて無料で配布するだけの場所であれば，こうしたコミュニケーションを生まれなかったのではないか。

　つまり，単純に収益を生む側面だけではなく，消費行動を通して，人と人の"つながり"を生み出すという，ビジネスが本来持ち備えているポテンシャルを引き出すという側面もあるのではなかろうか。そういう意味で，住まいみまもりたいが展開しているコミュニティ基盤型事業は，まさしく三浦が提唱する「第四の消費」社会，すなわち，つながりを生み出す社会を具現化する営みや試みの一つであるといえるだろう。

注
(1) この他にも，「私有主義からシェア志向へ」「ブランド志向からシンプル・カジュアル志向へ」「欧米志向，都会志向，自分らしさから日本志向　地方志向へ（集中から分散へ）」「『物からサービスへ』の本格化，あるいは人の重視へ」と変化しているという（三浦　2012：140）。
(2) 「平成22年度国民生活基礎調査」より。
(3) この点について三浦（2012：141-142）は，第三の消費社会がもたらした個人化・孤独化した社会の現状と，本来は「仲間，つながり」という意味を包含した「社会」であるべきことを踏まえた上で，「資本主義化，消費社会化，私生活主義化，個人化などが進みすぎると，人は人同士のつながりを意識しにくくなる。社会の中にいるのに，つながりを感じられないという奇妙な矛盾が生じた」と問題提起し，第四の消費社会とは，その矛盾を解消する方向に動こうとしていること

を指摘している。
(4) 類似概念として「コミュニティ・ビジネス」があるが，「コミュニティ・ビジネス」では，地域経済的インパクトについても言及している論調も見受けられる。本書における「コミュニティ基盤型事業」では，必ずしも「地域経済的インパクト」という部分は重視しておらず，事業活動を通して，どのように地域課題に対応しているのかという部分を重要視している。
(5) 「平成22年度国勢調査」より。
(6) 「大東市閉じこもり高齢者対策検討委員会報告書」(2012：1)。
(7) 生活支援を軸としたワンコインサービス自体は，市町村社会福祉協議会やシルバー人材センターの事業としても先駆的に展開されてきた。住まいみまもりたいの「ワンコインサービス事業」も，東大阪市社会福祉協議会が実施している「ワンコイン生活サポート事業」をヒントにスタートした経緯がある。
(8) 「特定非営利活動法人住まいみまもりたいパンフレット」より。
(9) 早瀬 (2011) は，市民活動とは無償活動・有償活動を包含する概念であるとしている。
(10) 「ゴミ屋敷問題」の解決については，ビジネス以外にも，さまざまな活動事例が報告されている。例えば，大阪府豊中市では，「ゴミ屋敷リセットプロジェクト」として，社会福祉協議会・行政・民間組織との協働・パートナーシップの中でシステム化して解決する仕組みづくりを確立している（豊中市社会福祉協議会2010）。そういう意味では，それぞれの地域が，どのような課題解決のスタイルを選択するのかによって，取り組み方にも違いが出てくるといえるだろう。

参考文献

NHK「無縁社会プロジェクト」取材班 (2010)『無縁社会』文藝春秋。
神原理 (2005)「コミュニティ・ビジネスの課題と相互的サービスの役割」神原理編著『コミュニティ・ビジネス　新しい市民社会に向けた多角的分析』白桃書房，1-13頁。
厚生労働省 (2010)「平成22年度国民生活基礎調査」。
総務省 (2010)「平成22年度国勢調査」。
大東市 (2012)「大東市閉じこもり高齢者対策検討委員会報告書」。
早瀬昇 (2011)「ボランティア活動の理解」社会福祉法人大阪ボランティア協会編『テキスト市民活動論――ボランティア・NPOの実践から学ぶ』社会福祉法人大阪ボランティア協会，8-25頁。
細内信孝 (2010)『新版　コミュニティ・ビジネス』学芸出版社。

第Ⅱ部　実　践　編

牧里毎治監修・豊中市社会福祉協議会編（2010）『社協の醍醐味――住民と行政とともに創る福祉のまち』全国コミュニティライフサポートセンター。
三浦展（2012）『第四の消費――つながりを生み出す社会へ』朝日新書。

その他，「特定非営利活動法人住まいみまもりたいパンフレット」を参考にした。

コラム5

社会が作る市場の歪みに挑戦する「しゃらく」

　神戸の須磨区に事務所を置く「しゃらく」は，小倉譲代表ら4人の仲間により2006年に始まった。その主要な事業は，要介護度3〜5の高齢者に旅行の機会を与える「しゃらく旅倶楽部」で，今では年間100人程度の顧客にオーダーメイド旅行を提供するようになっている。対象は高齢者個人で，介護の必要などからこれまでは旅をあきらめていた人びとだ。

　しゃらくが始まったきっかけは，小倉氏が，体調が悪いために毎年行っていた旅行をあきらめていた祖父に旅行を提案したことだった。祖父も乗り気になり，幼少期を過ごした町を訪れたいと言ったのだが，どの旅行会社も受けてくれない。このため小倉氏がすべて手配することになる。旅の中，祖父はみるみる元気を取り戻していく。感動した小倉氏は，それまでつとめていたアパレル関係の会社を辞め，「しゃらく」を立ち上げることになる。

　この事業「しゃらく旅倶楽部」は，あくまで市場ベースで運営されている。一つひとつのツアーの価格は，ホテルの手配料などの直接コスト，人件費などの管理費に一定の利益率を乗せたものであり，介護の必要性などから価格は高めとなりがちだ。しかし，こうしたサービスを提供する民間企業は現在ではほとんどない。小倉氏によると，その理由は「大手旅行会社のパックツアーの小売に依存する既存の旅行会社の体質」「健康状態に問題のある顧客の参加を嫌うこと」「介護などの専門的な知識を必要とすること」などにあるという。

　家族，ケアマネジャー，そして当事者本人の「不安」も大きな障害である。旅行先での健康状態，認知症などへの対応能力，いつもと違う人による介護などのケアに関わる心配に加え，本人が「迷惑をかけたくない」という意識を持つことも多い。「介護が必要になった人は，あたりまえに旅行してはいけない」という認識，つまり日本の社会が「心の中に作り出した壁」にも妨げられているのである。

　「しゃらく」では，一人ひとりの顧客に対して，4回の事前打ち合わせを行い，信頼を少しずつ作り上げ，介護を実際にさせてもらう関係を作ってから旅に臨むというていねいなサービスでこの壁を少しずつ打ち崩している。信頼を獲得するための体制もしっかりしており，スタッフの中には，看護師やヘルパーもいる。ただ，こうしたていねいな対応を行うため，遠方の客への対応は簡単ではない。

　「しゃらく旅倶楽部」事業は，社会が生み出した市場の歪みに挑戦する試みと考えることができるだろう。高齢者だけに限らず，障害者が旅を楽しむことがまだ当たり

資料　旅倶楽部の様子

前となっていない社会では，本人，関係者，サービス提供の現場などにさまざまな障壁がある。業務自体は，購買力を伴ったニーズに対応しサービスを提供する通常の市場活動とみることもできる。ただ，さまざまな社会的障壁がある中で，志を持つNPO法人でなければ開拓も実施もできないのが実態だ。いつか，高齢者や障害者のケア付き旅行があたりまえとなり，民間企業などでもこうしたサービスを提供できるようになれば，「しゃらく旅倶楽部」事業は，どの地域の人でも購入できる当たり前の旅行サービスの一つとなることができるかもしれない。

(川村暁雄)

第8章 コミュニティ活性化と多文化理解の促進
―― コリア NGO センター

木下麗子

1 在日コリアンの集住地域からの発信

　大阪市生野区は，韓国・朝鮮の国籍者が全国で最も多く集住し，在留外国人総数が全国で新宿区に次いで2番目に多い地域である。
　朝鮮半島の文化を感じることのできる生野区の3鉄道が交差する鶴橋駅界隈には，キムチの匂いが漂い，民族衣装のチマチョゴリなどを売る店などが建ち並び国際市場と呼ばれる市場が広がっている。国際市場から南へ12分ほど歩くと，コリアタウンと呼ばれる御幸通商店街が位置している。猪飼野と呼ばれたこの地は，かつて百済系渡来人が活躍し，水運に恵まれた交通の要衝であった。コリアタウンの東をほぼ直線状に流れる平野川は「歴史の川」としてその事実を今に伝えている。また，この地は，日本の植民地支配の結果，済州島などから多くのコリアンが余儀なく移り住むことになったという負の側面も持つ。
　戦後の混乱や朝鮮半島の南北の分断などにより祖国に帰ることが叶わずに日本に定住することになった在日コリアンは，就職や結婚，社会保障のさまざまな面で差別を受けることになり，それらは現代においても解決されたとはいい難い。政策的課題として，人権保障の観点からは，就職，教育，住宅入居，地方自治体選挙，年金・保険などの社会的，法的差別の撤廃の課題があり，戦後補償の観点からは遺族補償問題や従軍慰安婦問題などの課題がある（庄谷・中山 1997；谷 1995；朴他 2008）。
　日本社会には今や多国籍の外国人が暮らしているが，昨今横行している在

日コリアンに対してのヘイトスピーチ（差別的憎悪表現）が行われるような社会であっては，多民族の文化を尊重しながら共に暮らすという多文化共生社会の実現への道のりは程遠いといわざるを得ない。

このような状況を踏まえ，生野区という地域特性を活かし在日コリアンが抱える社会的課題にアプローチしているのが本章で紹介するコリアNGOセンターである。そして，その方法として，歴史学習，人権学習，国際理解を視点としたフィールドワーク事業を取り上げていく。

コリアNGOセンターのフィールドワーク事業は，学校などの公共的な機関からの参加者が多数を占めることから，公共調達を包含しながら公共的な機関へのサービス提供の役割を果たしている。また，フィールドワーク事業にはコミュニティのリソースが活用される。そのため，コリアNGOセンターのフィールドワーク事業は，川村が第1章で示す三つの事業類型のうち「公共サービス参加型事業」に位置づけられ，また「コミュニティ基盤型事業」の性質も合わせ持っているといえる。

本章においては，フィールドワーク事業からの発信と商店街の活性化がインタラクティブな社会的波及効果を生んでいるのかという視点に立ち，生野区における地域活性化の一方途となり得る社会的企業の可能性について論じていく。

2　コリアタウンの歴史

(1) 猪飼野の商店街

近年，生野区におけるコリアタウンは多文化共生を学ぶ「まちの学校」として注目されている。以下，コリアタウンの歴史について概観していく。

1910年，日本が朝鮮半島を植民地化して以来，膨大な数のコリアンが渡日した。大阪では第一次世界大戦による好景気の時期に，紡績工場などが廉価な労働力として利用するため盛んにコリアンの募集が行われ，1920年代以後

にはその数が急増した。

　また，生野区（当時は東成区）にある平野川の改修工事の実施の際には大量のコリアンが参加した。特に1922年に大阪・済州島間を結ぶ直行便航路が開設されてからは朝鮮半島からの労働者が急増した。そして，故郷の味を懐かしむ朝鮮人のために1920年代から猪飼野に朝鮮市場ができ始めたことがコリアタウンの原点となる。

　今はコリアタウンと呼ばれる御幸通商店街は1926年に御幸森神社前に大阪市立鶴橋公設市場が開設されて以後，次第に発展していった。1930年代には大変な賑わいをみせたが，1941年に太平洋戦争が勃発し戦争が激化すると，空襲によって多数の人命や家屋が失われることになった。生野区の人口は1940年には20万人に達していたが，1945年8月の終戦時には，11万人にまで激減した。

　終戦直後，鶴橋駅周辺には大規模なヤミ市が出現した。日本人と朝鮮人が混在した場はやがて国際マーケットと呼ばれる市場へと発展していく。大阪市は戦後，復興都市計画基本方針を決定し，鶴橋駅は従来のJRと近鉄に加えて地下鉄も集合する交通の要所になった。ガード下に広がる国際マーケットには遠方からの顧客が一層増加し，この繁栄と反比例するように，御幸通商店街は客足が遠のき衰退していった（高 2011：332-336）。

　このようにコリアタウンは，日本の植民地支配が契機となってできたものであり，戦争を経て一度は衰退した後，今日へと至っているという歴史的背景がある。

(2) コリアタウンの再生

　1965年，日韓基本条約が締結され，日韓両国は新たな時代に入った。ただし，1948年に朝鮮半島では大韓民国，朝鮮民主主義人民共和国が建国され，在日韓国・朝鮮人は祖国の分断，日本社会の差別と偏見という厳しい状況の中で生きていく運命を背負っていた。

第Ⅱ部　実践編

　1970年代に入り，在日韓国・朝鮮人に対する差別問題が社会的にクローズアップされ，就職差別に対する訴訟や外国人登録証に必要とされた指紋押捺への拒否運動が起こった。これらの運動は，一般の韓国・朝鮮人や日本人が草の根的な連帯の輪を広げていったのが特徴的であり，マスコミにも大々的に取り上げられた。

　失われた民族的アイデンティティを取り戻す運動が高揚していく中，1984年に在日本大韓民国民団系の韓国大阪青年会議所と日本の社団法人大阪青年会議所が御幸通商店街に対し，街の活性化を目指す「コリアタウン構想」が提案された。しかし，コリアタウン構想は，具体的なことが何も決まっていないうちに，某新聞が記事として取り上げたことを発端に，内部からも外部からも苦情が続出し話は立ち消えになったという。

　その後，日本社会が韓国に対して好意的な関心を向ける転機となったのは1988年のソウル・オリンピックであった。韓国旅行に行く日本人が急増し，焼肉やキムチなどの韓国食品ブームが沸き起こった。御幸通商店街では，1993年からコリアタウンの呼称が使われるようになり，積極的なイベントが催されるようになった。

（3）時代の後押し

　2000年に入ると近代以降の朝鮮半島との歴史からは誰も想像できなかったような大きな変化が起こった。韓国映画，韓国ドラマが大ヒットとなり，2002年のFIFAワールドカップが日韓共催で行われ，韓流ブームが起こったのである。

　大阪では，2001年にユニバーサルスタジオジャパンがオープンされると，各旅行社が修学旅行などを誘致するため近隣のコリアタウン見学を組み込むパッケージを発売した。2002年から学校で総合学習が開始されたのも追い風となり，コリアタウンは手軽な異文化体験の場所となり，近隣地域の学校から多数の児童生徒たちが訪問するようになった。

2007年には御幸通商店街は60周年を迎え、コリアタウンは全国各地から多数の人びとが訪れる観光地となった。

在日コリアンを取り巻く環境には、差別や偏見、思想・信条・立場の違い、世代交代などさまざまな問題が残存しているが、朝鮮市場の空間はそうした差異点を超え、多様な人びとが日常的に共存する歴史を育んできた（高 2011：338-342）。この観点には多くの人で賑わい活気にあふれるコリアタウンの様相が表されている。

しかし、かつては人びとがこの地域に好んで近づこうとはしないという風潮もあった。現代においてもなお、住民比率に比して地域の役員が少ないということなど、この地域特有の在日コリアンコミュニティと日本人コミュニティの融合性が欠如しているといったような課題がある。この地になぜコリアンが集住しているのかということについて知られていないといった実情もある。

この地を訪れた人びとが、この地で息づいている在日コリアンの文化を感じながら、なぜ在日コリアンがこの地で暮らすことになったのかを考えること、時代とともにその構造を変える差別の実態について考えることは多文化共生への足がかりとなる。

猪飼野という地域は、差別されてきた地域であるという側面を持ちながら、韓流ブームという時代の流れを経たことで、メッセージ発信を行う潜在力を持つ地域へと変遷を遂げたという側面をも合わせ持つ。だからこそ、この地における日本社会への歴史学習、国際理解、人権学習の必要性といったメッセージ発信が可能となる。

3　コリアNGOセンターの概要

（1）設立の背景

歴史と文化が融合する地域特性を持つ生野区において、2004年3月27日、

第Ⅱ部　実践編

　在日韓国民主人権協議会（以下，民権協），民族教育文化センター，ワンコリアフェスティバル実行委員会の3団体が統合し，新たな在日コリアンのNPO団体としてコリアNGOセンターが設立された。3団体はともに20年を越える活動実績を持っており，お互いの持っている活動経験やネットワーク，専門性を束ねることで，より多くの人びとのニーズに貢献できるという認識を共有し，それぞれの組織の壁を越えて，合併するに至った。

　コリアNGOセンターは，未だに日本社会が，国籍・民族・言語・文化など違いを持つ人びとが共生できる社会になっていないことを指摘している。また，在日コリアンは「境界に生きている」ことで，既存の価値観にとらわれない視野から，多様な人的ネットワークを生み出す重要なカギとなる（コリアNGOセンター 2011：6-7）存在であるとし，日本社会に向けて，その当事者性をもって今後の多国籍の外国籍住民が迎える局面に警鐘をならすとともに，先住する外国籍住民としての姿勢を示している。

（2）ミッション

　コリアNGOセンターは以下の三つのミッションを掲げて活動している。

　第1のミッションは「民族教育権の確立，外国人の人権保障，多民族多文化共生社会の実現」で，子どもたちが民族教育を通じて民族の歴史を知り自己のルーツを誇れること，外国人の人権が保障されること，お互いの文化を尊重しながら対等な関係性を構築する多民族多文化共生社会の実現を目指すことである。

　第2のミッションは「在日コリアン社会の豊かな社会基盤の創造とコリアン・ネットワークの構築」で，在日コリアンの一人ひとりがいきいきと活躍することができる環境やフィールドを創っていくためのコリアン同士の連携と協力関係を構築していくことである。

　第3のミッションは，「南北の平和統一，コリアと日本の市民社会の発展，東アジア共同体形成への寄与」で，在日コリアン社会の発展，日本社会での

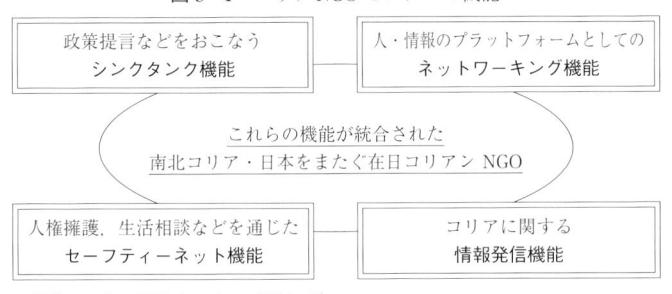

第8章 コミュニティ活性化と多文化理解の促進

図8-1 コリアNGOセンターの機能

```
┌─────────────────────┐        ┌─────────────────────────┐
│ 政策提言などをおこなう  │        │ 人・情報のプラットフォームとしての │
│    シンクタンク機能    │        │     ネットワーキング機能     │
└─────────────────────┘        └─────────────────────────┘
              これらの機能が統合された
           南北コリア・日本をまたぐ在日コリアンNGO
┌─────────────────────┐        ┌─────────────────────────┐
│ 人権擁護、生活相談などを通じた │        │      コリアに関する       │
│   セーフティーネット機能    │        │      情報発信機能       │
└─────────────────────┘        └─────────────────────────┘
```
出所：コリアNGOセンター（2011：9）。

「多民族共生社会」の実現，そして，南北コリアの統一と国境を越えた東アジアにおける豊かな市民社会，開かれた地域主義としての「東アジア共同体」の形成に寄与する活動を行っていくことである（コリアNGOセンター 2011：6-9）。

コリアNGOセンターはこれらのミッションに基づく重層的な活動を展開しており，特に重視している「人権保障，コリアンとのネットワーク強化，コリアと日本の市民社会の発展」に根ざすフィールドワーク事業については次節で考察する。なお，そのミッションの体現化を目指すための機能は図8-1の通りである。

（3）組織体制とビジネスの収支

コリアNGOセンターの事業活動は，在日外国人の教育権保障に向けた法制化への取り組みや，外国人人権保障のための法制度整備，シンクタンク組織化，法律相談，人権研修事業の拡充，地域コミュニティ活性化，多様なコリアンとの連携など多岐にわたる。これらの活動に継続的に取り組んでいくための事業収入の核となっているのがフィールドワーク事業であり，総収入の50％を占めており，事業収入でいえば，70％を超えている。また，民族教育権の確立事業，外国人人権保障事業に関しては，事業収入はなく，事業支出のみとなっており，法律相談などの事業に関しても同様である（図8-2参

第Ⅱ部　実践編

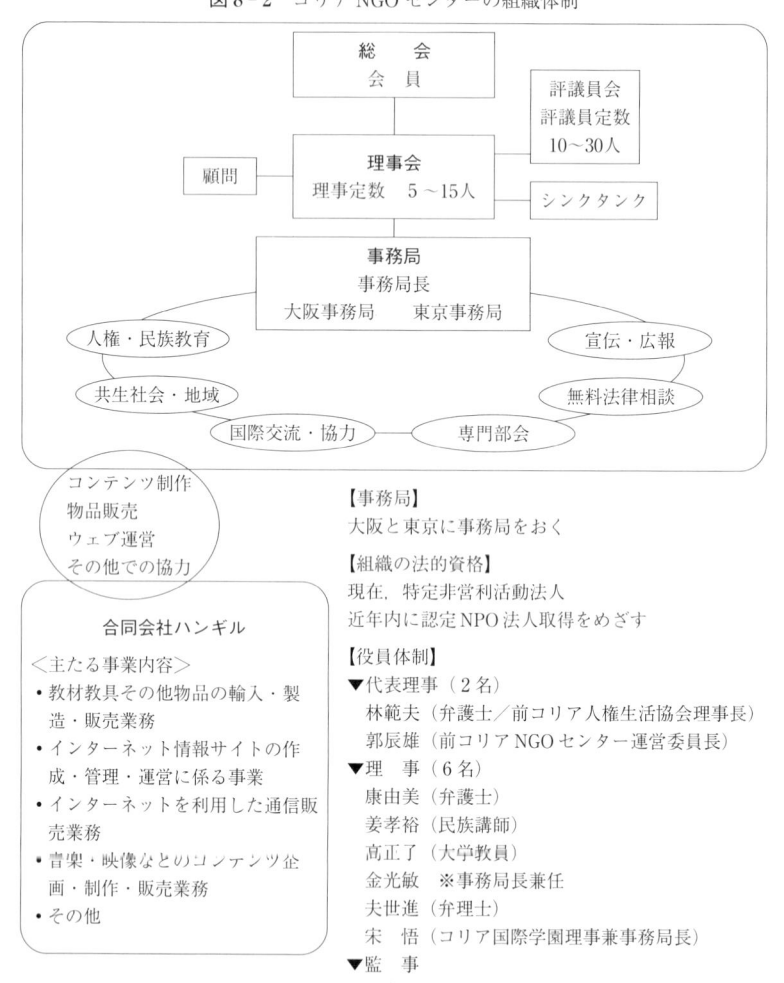

図8-2　コリアNGOセンターの組織体制

```
                    総　会
                    会　員
                      │
            ┌─────────┼─────────┐
          顧問──    理事会    ──評議員会
                理事定数 5〜15人   評議員定数
                      │            10〜30人
                      │         ──シンクタンク
                    事務局
                    事務局長
                大阪事務局　東京事務局
```

・人権・民族教育
・共生社会・地域
・国際交流・協力
・専門部会
・宣伝・広報
・無料法律相談

合同会社ハンギル

コンテンツ制作
物品販売
ウェブ運営
その他での協力

＜主たる事業内容＞
・教材教具その他物品の輸入・製造・販売業務
・インターネット情報サイトの作成・管理・運営に係る事業
・インターネットを利用した通信販売業務
・音楽・映像などのコンテンツ企画・制作・販売業務
・その他

【事務局】
大阪と東京に事務局をおく

【組織の法的資格】
現在，特定非営利活動法人
近年内に認定NPO法人取得をめざす

【役員体制】
▼代表理事（2名）
　林範夫（弁護士／前コリア人権生活協会理事長）
　郭辰雄（前コリアNGOセンター運営委員長）
▼理　事（6名）
　康由美（弁護士）
　姜孝裕（民族講師）
　髙正了（大学教員）
　金光敏　※事務局長兼任
　夫世進（弁護士）
　宋　悟（コリア国際学園理事兼事務局長）
▼監　事
　呉幸哲（税理士）

出所：コリアNGOセンター（2011：12）より2015年1月現在に改訂。

照)。

　コリア NGO センターのフィールドワーク事業は，その他の事業を通じてつくられた地域との信頼関係からコミュニティ資源の調達を可能にすることで成り立っている。そして，その他の事業を継続させていくためには，フィールドワークの収益が必要となるのがコリア NGO センターのビジネスモデルである。

4　フィールドワーク事業

(1) フィールドワークの概要と参加者

　フィールドワークは事業収入の 7 割を超え，コリア NGO センターは地域とのネットワークを活かしながら，参加団体に応じて多彩なプログラムを実施している。

　この地でのフィールドワークには，参加者がコリア NGO センターだけで年間9,000人を超え，その他も含めると 1 万人を超える規模の人が，全国各地から訪れている。参加名目としては，全国から小・中・高の修学旅行，「異文化理解」や「歴史学習」などの総合学習，教職員や PTA などの人権研修などさまざまであり，公的機関である学校関係が大半となる。プログラムは，在日コリアンの講師がコリアタウンの歴史や朝鮮半島と日本の歴史，在日コリアンの現状，コリアの異文化などを紹介しながらコリアタウンを案内するというフィールドワーク形式だけでなく，講演形式での研修を組み合わせることも可能である。なお，参加者の 3 分の 1 は，同じ学校が次の学年を連れてくるといったようなリピーターということである。

　講師を務める郭氏によると，フィールドワークは「まずは参加してもらうこと」からスタートするものであり，生野区は多くの人たちが異文化に触れる楽しさ，共に生きることの大切さを感じることのできる地域であり，この地に息づいている活気が日本人とコリアンが共に生きてきた歴史の証そのも

のであることから,フィールドワークで得た学びの糸口は次の学びを呼ぶことになるという。その際「一世の人たちの思いを受け継いで,どう形にして記憶に留めていくか」という視点を大切にしている。

フィールドワークのプログラムの一例には下記のようなものがある。

体験プログラム

▷基本プログラム（所要時間：各30分）
ハングル体験…ハングルの文字や発音のしくみ,簡単なあいさつの言葉,漢字を使う文化など日本語と似ている言葉など楽しく韓国語に親しみながらハングルに触れる体験。
キムチ体験…3日かかるというキムチ作りの仕上げである行程の最終段階を体験し,キムチの歴史や風土の話を通じて韓国朝鮮の食文化を体験。
チャンゴ体験…韓国の伝統楽器チャンゴを一人に1台ずつ用意,チェ（バチ）の持ち方や叩き方から簡単な短いリズム演奏してもらいながら楽器を通じての文化体験。
▷オプションプログラム（所要時間30分～1時間）
・韓国,朝鮮の伝統遊び体験　・伝統舞踊体験　・テコンドー体験
・韓国・朝鮮の伝統工芸作り体験　・チヂミ作り体験

修学旅行生　60名の場合

AM　9:30　御幸森天神宮（生野コリアタウン西入口）に集合
　　　　　　フィールドワーク開始（20名ごと3グループに分かれる）
　　10:45　体験学習（3種）各30分
PM　0:20　昼食（コリアタウン内）韓国プルコギ定食など
　　1:00　自由時間（ショッピング等）
　　1:30　コリアタウン出発（御幸森天神宮前からバス乗車）

（2）フィールドワークにおける学習の観点

フィールドワークでは,歴史学習,国際理解,人権学習が学習のポイントとなる。以下,フィールドワークにて立ち寄るスポットと具体的な学びの内容をみていく。

第8章　コミュニティ活性化と多文化理解の促進

資料8-1　つるのはし記念碑

　フィールドワークは，コリアタウンの入口に位置する御幸森天神宮からスタートする。御幸森天神宮での歴史学習は朝鮮半島と日本との交流についてである。御幸森天神宮は，約1600年前，現在の大阪市中央区に都をおいていた仁徳天皇が渡来人と交流を深めたことを今に伝えている。御幸森天神宮の中には，日本に漢字を伝えたといわれる王仁博士が詠んだ仁徳天皇の即位を春の訪れの喜びに例えたといわれる難波津の歌の歌碑が建てられている。

　参加者は，講師より「歌碑にかかれた文字は古代の日本と朝鮮，江戸時代の日本と朝鮮の交流の歴史を今に伝えるものとして神社におかれている」と説明を受け，その歴史認識として，日本と朝鮮半島の文化的交流が盛んであったことを学ぶ。

　次のスポットは，御幸森天神宮から，南へ5分程の鶴橋の地名の由来ともなっている「つるのはし記念碑」である。つるのはしは，日本で最も古い橋といわれており，日本書紀には仁徳天皇がかけたと記されている。

第Ⅱ部　実践編

　つるのはし記念碑から程近い平野川の橋へと辿りつき，いよいよ商店街へと入っていく際，平野川の橋の上で，コリアタウンの形成史が語られる。

　講師は，1910年に日本が朝鮮を植民地にしたことから，多くのコリアンの暮らしが苦しくなり，1922年に，大阪と済州などを結ぶ君が代丸が就航すると大阪に多くのコリアンが来航してきた歴史について語る。また，1921年に始まった平野川の改修工事で多くのコリアンが働くことになり，工業が盛んだったこの地域には工場労働者として働くコリアンも増え，このあたりにコリアンの居住地が拡大してきたこと，1930年代，その居住が経緯となり食品や服などの店が建ち並ぶ猪飼野朝鮮市場が賑わいをみせていたことを説明する。

　1945年に日本が敗戦すると，朝鮮は解放されたが，さまざまな理由から，多くのコリアンが日本に残ることを選び，生野区でも多くのコリアンが生活を続け，朝鮮市場はそうした人びととの食文化を支え続けてきたことについて触れられる。

　参加者たちは，眼下の平野川，眼前のコリアタウンの活気を交互に見ながら，コリアンの歴史的渡航を背景とした居住の経緯により，この地に商店街が息づいてきたことを学ぶ。

（3）体験学習

　コリアタウン周辺には古くからたくさんの在日コリアンが暮らしており，約120軒が建ち並ぶ商店街は，在日コリアンの食文化を支えてきた。

　参加者たちは，商店街の店舗を周り，コリアタウンで古くからキムチ製造を営んでいる商店や豚肉店の見学，商店に陳列されている金属食器や民族衣装から文化を学び，続けて体験学習に参加する。

　コリアNGOセンターが作成したDVDでは，中学生の参加者が「隣の国とは似ている所があると思ったが全然違う所がある。食器を手に持たない，民族衣装のためにご飯を食べる時に足を立てる，というのは日本の食事時の

第8章　コミュニティ活性化と多文化理解の促進

資料8-2　コリアタウンのメインストリート

マナーと違う。その地に行かなければわからないことをたくさん知ることができた」と述べている。

それに対し，コリアNGOセンターの講師が「韓国・朝鮮料理で使われる金属の器に熱い炊きたてのごはんを入れると器に熱が伝わって熱くて持てない。だから食器を手にもたない。器の材質や形状が違うことで，人の振る舞い方，食べ方が180度変わってくる。文化の違いの一例を感じてほしい」と説明する。

引率の先生は「こちらが思うより子どもたちの反応があった。特に通りを歩いている時，集団で歩きながらも，周りをみて勝手に興味を持って止まってみてしまう，というのをみていると，何か感じるものがあると思った」と述べ，生徒達の関心の糸口に着眼している（コリアNGOセンター 2013）。

参加者たちは体験学習を経ることで，歴史学習，国際理解，人権学習の学びをさらに深めることとなる。

167

第Ⅱ部　実　践　編

5　その他の事業

(1) 地域イベントへの参加

　コリアNGOセンターがフィールドワーク事業を可能にしてきたのは，前述した他の事業を通じて築き上げてきた地域との信頼関係に他ならない。
　その中でも，コリアNGOセンターの地域でのイベント活動での商店街との協働は大きな意味を持ち，それらの活動を通じて，地元の商店とのネットワーク形成を可能にしてきた。その代表的なものに，生野コリアタウン共生まつりがある。年に1度開催される生野コリアタウン共生まつりは数万人の人が訪れる商店街イベントであり，生野区の地域活性化へとつながるイベントである。
　こういったコリアタウンのイベントにもコリアNGOセンターは事務局として関わって，商店街の人たちと一緒にまちづくりをしてきた。
　フィールドワーク事業が単なる商店街の利用と捉えられた場合，地域での活動継続は困難となっていただろう。地域との信頼関係の形成によりフィールドワーク事業が成り立っているのである。

(2) 東京事務所の役割

　2011年，さらなる事業推進のために東京都新宿区に東京事務所が開設され，新宿区の多文化共生施策に対する参与・取り組みを深めている。新宿区は現在，外国籍が全区民人口の10.5％強を占め，その国籍は121に及び（2012年11月現在），日本で最も多民族・多文化化が進んでいる地域であり，他の自治体と比較すると多文化共生政策を積極的に推進している。2012年9月には「新宿区多文化共生まちづくり会議条例」が施行され，その委員として，外国籍区民の公募から東京事務所の金氏も任命されている。
　東京事務所では新宿区等で活動する外国人コミュニティグループやNPO，

社会福祉協議会などの公益団体，地域団体など多様な主体との関係づくりを進めている。

　さらに，東京事務所では学習支援にも取り組んでいる。2012年3月に，韓国の子どもたちの学習支援教室「チャプチョ（雑草）教室」が開講され，韓国の子どもたちがストレスを感じることない環境の中で勉強に向き合い，学び理解することの喜びを感じられるようにすることをその主旨としている。金氏によれば，このチャプチョ教室からは，ニューカマーコリアンの子どもたちを取り巻く環境や抱えている課題が垣間みえることが非常に多いという。ルーツを誇ることのできる子どもたちの育成はコリアNGOセンターのミッションに通ずるものであり，また，同時にオールドカマーと課題が重なるものとなる。

　また，東京事務所では，生野区のように目で見て歴史を感じられるコリアンの文化がないため，大阪と違ったさまざまな人種の文化交流との特色を感じられるフィールドワークを行うことを構想として持っている。

　東京事務所の活動において着目すべき点は，関係機関との連携，行政とのパートナーシップを積極的に進めているということ，政治の動向をいち早くキャッチできるということである。また，同じ集住地区であっても，地域が異なれば，在日コリアンの抱える社会的課題へのアプローチの方法が変わってくる。東京事務所は，コリアNGOセンターのネットワーキング機能の一つである。

6　社会的企業である意味

（1）フィールドワーク事業による二つのソーシャル・インパクト

　日本社会においては，現代においても在日コリアンに対するさまざまな軋轢摩擦，差別といった課題があり，コリアNGOセンターは，歴史学習，国際理解，人権学習を視点としたフィールドワーク事業による学びの発信から

この問題に切り込んでいる。

　フィールドワーク事業を通じたソーシャル・インパクトの一つには，フィールドワーク参加者に対して，地域の持つ歴史的背景から学びの機会を提供していることが挙げられる。

　もう一つは，まちの活性化が図られるということである。フィールドワーク事業でコリアタウンに一度訪れた人が顧客になる。コリアタウンにたくさんの人が来るとまちが活性化し，そこから社会的に注目を受けることでさらに集客効果が高まる。文化発信がまちの活性化をはかることにもつながるという構図である。

　郭氏はフィールドワーク事業のビジネスの視点として「フィールドワークのプログラム自体は，コリアNGOセンターの事業として発信するが，コリアタウンにはビジネスとして成り立つようなペイも確保する。win-winの関係をつくっていくことが社会的企業としての側面として重要」としている。さらに，孟子の「天の時は地の利に如かず。地の利は人の和に如かず」を引用し「コリアタウンには2000年代以降の時代の後押しというタイミングがあり，生野区という地域だからこそできることがある。それらに増して大切なのは，人との関係性」としてフィールドワーク事業の成立における商店街との関係性の重要性を主張している。

　次に，2000年代以降のブームは，商店主たちにとってどうだったのかということを考えてみる。コリアタウンが社会的に注目されると，コリアタウンの集客効果は高まり商店街は活性化する。しかし，人びとが学びの場としてのニーズを持ち，商店街に訪れ，それを商店街が請け負うとなると限界が生じる。人びとが商店主たちに，色々なことを好き勝手に質問するとなると商売に支障をきたしてしまう。

　郭氏は「学びの入口の設定は重要ではあるが，単にキムチがおいしい，というだけでは歴史学習，国際理解，人権学習には至らない」ことを指摘し，御幸通中央商店街会長籠本浩典氏は「日本人と，朝鮮半島の北の人も南の人

もいる中で、上手く助け合いながら商売もしつつ仲良く共生しているまちだという背景まで感じて帰って頂きたい」と述べている。ここに介在するフィールドワーク事業が人びとと学びの接点をつくっているのである。

　さらに、重要な視点として、フィールドワーク事業を通じてのコリアタウン側の態度の変化がある。フィールドワーク事業の試みは、日本人側だけではなく在日コリアン側も変えてきた。はじめは積極的な受け入れをしていなかった店も、今ではフィールドワーク参加者にキムチ作りの現場まで気楽に見せるようになった。これは、ビジネスが人のつながりを作り意識を変える例の一つである。さらにいえば、コリアタウンができたこと自体が日本人の商店とコリアンの商店の関係者のつながりを深くしており、お金を介しての関係性の中からつながりが生まれた例がここにも存在しているのである。

　フィールドワーク事業により、まちの活性化と、学びの発信が相互に関連することは、広い意味でいう、コリアNGOセンターのミッションである「コリアと日本の市民社会の発展」にも寄与することになる。商店主たちとの「まちの活性化を図る」という共同のミッションのために、コリアタウンにお金と社会的な波及効果が落ちる仕組みをつくり、集客効果、社会的注目度、教育的効果をまちの活性化の強みの因子としていくことが鍵となる。

　コリアNGOセンターのミッションは多岐に渡る。そのための活動を継続させていくためのフィールドワーク事業は、活動継続の根幹を担っている。

（2）多文化理解の促進に向けて

　猪飼野のコリアタウンは、朝鮮半島と日本との間の絶え間ない人の流れに支えられたまちであると同時に、この地に定着したコリアンたちが、闘いつつ、結束して、商売を営み、家庭生活を築いてきた（Sonia 2000：249）。そういうまちであるにもかかわらず、猪飼野の日本人住民は、地元の祭りや自治体の決め事に関することにはコリアン住民に対して排他的である（Sonia 2000；谷 1992）。また、生野区におけるまちづくりの視点にも在日コリアン

住民への考慮が欠けているという状況がある。

　法制面でいえば，2012年7月に出入国管理及び難民認定法などの改正により外国籍住民が地域住民の構成員の一員として法的に位置づけられた。谷は「地域社会の隣人関係を相対的に持続して結ぶようになったとき，すなわち，日本で『生活者』としての営みを始めるとき，そのときこそ，日本人自身の隣人としての国際性が問われることになる」としている（谷 1992：263）。

　今後の課題として，コリアNGOセンターには，そのような地域の側面に対して，事業を通じて作った地域とのネットワーク，信頼関係などを用いて生野区における，行政や，社会福祉協議会などの公益団体とのさらなる連携推進を働きかけていくことが求められる。

　また多民族・多文化化の様相を強める日本社会において，郭氏の言う「コリアタウンにおいて実践している，違いを違いとして認め，尊重しあうことの大切さ，共生という理念をきちんとメッセージとして発信していく」事業活動に継続的に取り組んでいくことも必要となる。

　生野区では，歴史的な居住歴を持つ先住の外国籍住民であり在日コリアンである少数者の可能性を引き出しながら，共につながり合うことでまちの活性化を進めている。例えば，コリアNGOセンターのフィールドワーク事業に参加した人がヘイトスピーチに異論を唱える視点を持つこと，日本人が自国の歴史について語れるようになること，子どもたちが自らのルーツを誇れる社会になること，学校の先生が多文化のルーツを持つ子どもへの教育的配慮をすることである。これらの一つひとつが多文化理解を促進し，多民族共生社会の実現へとつながっていくファクターとなる。

注
(1) 人口12万9,140人（2015年2月16日現在）のうち20％を超える（http://www.city.osaka.lg.jp/ikuno/page/0000000434.html）。
(2) ただし，帰化をして日本国籍を取得している朝鮮半島出身者はこの数に含まれていない。

(3) 猪飼野とは，鶴橋駅から桃谷にかけての JR 大阪環状線の東方，平野運河両岸一帯の地域をいう。現在は町名変更によりなくなったが朝鮮人が集住する地域の表現として今も通称名として使われている。猪飼野の歴史と文化については上田正昭監修（2011）『ニッポン猪飼野ものがたり』批評社，に詳述されている。
(4) 在日コリアンとは，朝鮮半島出身の日本在住者，国籍表記にかかわりなく，民族的ルーツを自覚する総合的な呼称として用いる。

参考文献
OECD 編（2010）『社会的企業の主流化——新しい公共の担い手として』明石書店。
外国人人権法連絡会（2012）『日本における外国人・民族的マイノリティ人権白書』。
金賛汀（1985）『異邦人は君が代丸に乗って——朝鮮人街猪飼野の形成史』岩波新書。
高賛侑（2011）「朝鮮市場からコリアタウンへ」上田正昭監修，猪飼野の歴史と文化を考える会編集『ニッポン猪飼野ものがたり』批評社。
コリア NGO センター（2011）「東京事務所開設記念シンポジウム　境界から共生へ——在日コリアン NGO の役割と可能性」
庄谷怜子・中山徹（1997）『高齢在日韓国・朝鮮人』御茶ノ水書房。
谷富夫（1992）「エスニック・コミュニティの生態研究」鈴木広編著『現代都市を解読する』ミネルヴァ書房。
谷富夫（1995）「在日韓国・朝鮮人社会の現在」駒井洋編『定住化する外国人』明石書店。
特定非営利活動法人共同連編（2012）『日本発　共生・共働の社会的企業——経済の民主主義と公平な分配を求めて』現代書館。
朴鐘碩・上野千鶴子・伊藤晃・曺慶姫（2008）『日本における多文化共生とは何か——在日の経験から』新曜社。
藤井敦史・原田晃樹・大高研道編（2013）『闘う社会的企業——コミュニティエンパワメントの担い手』勁草書房。
Sonia Ryang ed., (2000) *Koreans in Japan: New Dimensions of Hybrid and Diverse Communities*, Korean and Korean American Studies Bulletin.（＝2007，柏崎千佳子訳『ディアスポラとしてのコリアン』新幹社）
DVD：コリア NGO センター（2013）「生野コリアタウン——『共生』を学ぶまちの学校」。

コラム6

多言語・多文化ネットワークの力を活用した医療通訳事業
—— 多言語センターFACIL

　日本には現在220万人以上の外国人登録者がいる。その中でも神戸市は外国籍の住民が全国の地方自治体と比較しても多い都市である。特に長田区は、ケミカルシューズ（合成皮革靴のことであり、長田区で発展した産業の一つ）産業が発展した地域として在日コリアンが多く移り住んだことや、1980年代ベトナム難民など多くの外国人が就労の機会を求めて集まった背景がある。

　1995年の阪神・淡路大震災の直後、人びとが混乱に陥る中、マイノリティであった外国籍の住民達が直面する言葉の壁、文化的な配慮や支援、入手できる情報量が不足していることが明らかとなった。この溝を埋めるべく多くの団体が長田区の住宅の中にあったカトリック教会に集まり、ボランティア活動の拠点となった。現在は「たかとりコミュニティセンター」と呼ばれる施設の原型である。19年経った今も、人と地域と多文化が共生するまちづくりを目指す団体がこのセンター内でさまざまな活動をしている。

　多文化プロキューブ（Pro3）はその中の団体の一つである。この団体には四つの組織、コミュニティラジオの放送権を持ち多文化・多言語の情報発信を行う「エフエムわいわい」、多様な文化的・社会的バックグランドを持つ子どもへの支援活動を展開する「ワールドキッズコミュニティ」、世界コミュニティラジオ放送連盟の日本協議会である「AMARC」、そして28カ国の多言語での翻訳・通訳対応またホームページ・DTP（卓上出版）制作企画、医療通訳等を行う「多言語センターFACIL（ファシル）」が所属している。特に、今回紹介するFACILは、多文化プロキューブの中でも一番の収入源となっている。

　近年、翻訳・通訳の需要の高まりとともに、翻訳・通訳事業を行う企業が増えている。しかし、実際には、言葉の中に隠れる細やかなニュアンスを伝えず、言葉を直訳するだけの質の悪い翻訳や通訳も出回っている。FACILは、こういった問題点を認識しながら、必要な人に良質な翻訳・通訳を届けるためのベースラインを築いてきた先駆者的団体だ。外国籍の住民が多い長田区の在日外国人コミュニティをベースに、その考え方に賛同するさまざまな国出身の協力者600名が翻訳・通訳者として、多言語・多文化のネットワークを築いている。こうしたネットワークの力を資源として活用していることが、ただ言語の意味を伝えるだけでは無く、在日外国人が抱える課題（言語や文化の壁など）を理解し、当事者の視点にたった翻訳・通訳を可能にしている。

コラム6　多言語・多文化ネットワークの力を活用した医療通訳事業

　さて，FACIL が展開する通訳事業の中でも，特に力を入れているのが医療通訳事業である。在日外国人への医療サービスにおける課題の一つとして，言語の壁によって医療サービスへのアクセシビリティが保障されていないことが挙げられる。とりわけアメリカなどでは当たり前の医療機関での通訳が，日本では意識が薄く，説明責任を果たせていないところも多いという現状がある。通訳代を自ら支払う余裕が無い患者が大多数であり，少し外国語がわかる日本人または外国人の知人などを頼ってなんとか対処している状況である。また外国籍の親たちは，自分の子どもたちに通訳をしてもらうケースも多い。日本で育った子どもたちは言葉の理解はできても，医療の通訳という専門的かつ重大な責任を背負わされるには負担が大きい。しかも，子どもたちが親の通訳のため学校を休むこともある。

　これら課題に対して，FACIL は，神戸市と連携し医療通訳のモデル事業を行った。まず市内の数カ所の病院への医療通訳派遣が始まり，その後三つの病院と通訳報酬の一部を病院が負担するシステムを成立させる。FACIL は医療機関と患者，そして医療通訳者の3者間のコーディネートを担当している。医療通訳にかかる費用5,000円は直接，医療通訳者に支払われるシステムで，そのうち医療機関が7割の3,500円を負担，患者は残り3割の1,500円を負担する。医療通訳料は通常の価格としては安く，通訳者の協力もあって成立している。なお，三つの協力病院以外で事業を利用したい場合は，医療機関もしくは患者自身による全額負担となる。

　しかし，運営面では大きな課題を抱えている。通訳料は，通訳者に全額支払われるため，FACIL の事業収入はない。事務費用については補助金で賄っているものの，事業としては赤字であるなど，ビジネスとしては成立していない現状がある。とはいえ，行政や医療機関から直接「FACIL への依頼は増えてきているという。すでに医療通訳を導入した医療機関や医師にヒアリングし，医療通訳導入に向けたハンドブックを作成。また2013年には兵庫県の予算がつき，医療通訳の普及と啓発，医療通訳に関する研修なども実施している。課題は多いが，事業としては少しずつ確実に前進し，浸透しているといえよう。

　FACIL における医療通訳事業の取り組みは，在日外国人のコミュニティやネットワークという，そもそもの基盤があったからこそ成立している。FACIL の活動に共感する人と出会い，その人びとが自らの能力を生かしながら多言語・多文化ネットワークを広げていくことが，医療通訳の全国的普及や制度化，さらには在日外国人に対するさまざまな日本の制度・サービスにおけるアクセシビリティへの問題解決のアクションにもつながるのではないだろうか。

(川上未来)

第9章 フェアトレードによるコミュニティ・エンパワメント
――アピクリ

武田 丈・武津美菜子

1 アピクリとは

　アピクリ（Apikri Marketing Association Rakyat Indonesia Handicraft Industry）は，インドネシアのジョグジャカルタにある木製の工芸品やバティック[(1)]などの小規模生産者の協同組合である。小規模生産者に対して製品開発支援，技術指導，マイクロクレジット，国内外への市場へフェアトレード商品の流通・マーケティングなどの支援によって組合員の収入向上だけを目指すのではなく，組合員への支援を通して組合員のコミュニティ全体の経済活性化やエンパワメントを目指す点が，アピクリの大きな特徴である。本章では，協同組合という形をとりながら，フェアトレードによるコミュニティ基盤型事業を展開するアピクリの仕組みと，コミュニティ全体の経済活性化やエンパワメントを中心としたそのソーシャル・インパクトを考察していく。

2 アピクリの起源とミッション

　本節ではアピクリの概要を説明するために，創設の経緯，取り組んでいる社会的課題，組織のヴィジョンとミッション，組織形態，支援内容を紹介した後，アピクリのビジネスの具体的な仕組みを説明することによって，協同組合であるアピクリがどのように社会的企業として持続的に活動しているかを説明していく。

第9章　フェアトレードによるコミュニティ・エンパワメント

（1）創設の経緯

アピクリ創設のきっかけは，1986年に首都ジャカルタで開催された工芸品生産者の集会であった。この集会に参加していたジョグジャカルタ近郊の19の小規模生産者団体と6人のNGOの活動家が，自分たちの地位向上を目的に1987年に設立したのが協同組合アピクリである。この25名の組合員が数か月かけて18万ルピア（当時のレートで約1,800円）の資本金を集めて3人のスタッフを雇用するとともに，ヨーロッパの財団からの助成金をもとに土地を借りて，組合員の一人から安く木材を仕入れ，自分たちで事務所を建築してスタートした。1990年には共有ショールームをつくり，約30の小規模の工芸品生産者たちが利益を得ることができるようになった。現在では，2000年に作った新しい共有ショールームを通して470の生産者グループが国内外のマーケットに商品を流通させて利益を得るまでに発展した。その結果，2010年の年商は，40億ルピア（当時のレートで約3,600万円）にまで達している。

こうした地道な工芸品の小規模生産者への支援活動が認められ，2001年には世界フェアトレード機関のメンバーとなる一方，2002年にはインドネシア政府から協同組合としての法的地位を受け，2009年にはインドネシア・ビジネス開発サービス協会のメンバーにもなっている。

アピクリは現在，インドネシアにおいてフェアトレード促進団体の一つとして広く認知されており，コミュニティの開発支援を目指すNPO/NGOと，協働的なマーケティングとフェアトレードを展開する社会的企業という2つの側面を持つ団体となっている。

（2）取り組んでいる社会的課題

アピクリは，経済的な搾取を受けやすい小規模な工芸品生産者に対する支援，また工芸品の経済活動支援を通したコミュニティ全体の開発支援を目指す協同組合である。言い換えるならば，ジョグジャカルタ近郊の経済的に苦しい小規模の工芸品生産者に対する経済活動支援を通じてコミュニティ基盤

第Ⅱ部　実　践　編

型事業を展開し，コミュニティ・エンパワメントや地域の経済活性化を目指している社会的企業といえるであろう。組織の具体的な目的には以下のものが掲げられている。

- 小規模の工芸品生産者たちの収入が向上し，環境にも配慮しながら独立できるように支援。
- 地域の経済発展につながるように公正な取引の推進。
- 工芸品生産者，アピクリ，そして取引機関の間のネットワークを形成し，地方，国家，そして国際的なレベルで経済の発展を目指した協働。
- アピクリと行政機関や他のNGOとの協働のネットワークの形成。
- 工芸品生産者，アピクリ，取引機関が対等で，お互いにとって有益な関係の構築。

　団体の理念として，「公正」「透明性」「説明責任」「環境保全」の四つを掲げ，「マーケットを自分たちで見つけられるよう小規模な生産者のエンパワメント達成を支援し」，そして「エンパワメントが達成できるようマーケットにつなげる支援を行う」という，生産者の経済的自立とエンパワメントを目指して，円環的な支援を提供している。具体的には，「公平な賃金」「働き手にやさしい労働環境」「男女差別がない雇用環境」を生産者が入手できるように支援している。また，生産者が生産性，マーケティングや商品開発などの能力を高められるように研修プログラムも提供している。
　こうした経済的自立やエンパワメントの達成への支援に加え，オーガニックの塗料や染料など，工芸品を生産する際に消費者にとっても安全なものを使用するよう生産者を教育する活動にも力を入れている。さらに，アピクリは「環境への配慮」にも取り組んでいる。森林消失面積に関する国連食糧農業機関の統計によると，2000年から2010年にかけて東南アジア全体の森林消失面積は減少傾向にあるにもかかわらず，インドネシアは森林消失が進んで

いると報告されている（井上 2013）。こうした課題に取り組むために，アピクリでは乾燥して砂漠のようになった場所に木や竹を植えて森を再生する活動にも力を入れている。

（3）組織のヴィジョンとミッション

アピクリのヴィジョンは「フェアトレードを広めることにより，インドネシアの小規模な工芸品生産者コミュニティをエンパワーすること」である。そして，このヴィジョンを達成するために以下の四つのミッションを掲げて活動している。

- 小規模な工芸品生産者のビジネス能力の向上。
- 小規模な工芸品生産者のマーケットへのアクセスを拡大。
- 国全体の経済活性化のために，小規模な工芸品生産者を強化。
- 経済的な民主制度を確立するための手段として，貿易における公正性を強化。

（4）組織形態

協同組合であるアピクリは，有給の職員のほか，「ファミリー」と呼ばれる「組合員」（その多くは小規模な生産者団体）と「参加者」（組合員にはなっていない生産者団体）によって構成されている。設立時19名の小規模生産者と6名のNGOの活動家の合計25名であった組合員数は，2012年9月の時点で42の小規模生産者団体と19名のアピクリの職員の合計61名にまで増えている。組合入会の承認は，参加を希望する小規模生産者の人柄や経済的困窮度などを基準に，年に3回開催される組合員総会で審議される。入会金100万ルピアと，月会費1万ルピアを支払う組合員は，総会での議決権を有する。

一方，アピクリで商品を扱ってもらったり，商品開発の指導を受けることのできる参加者数は，現在470団体にまで増えている。参加者承認の基準は，

組合員や既存の参加者からの推薦を受けるとともに，アピクリの理念に合致するかどうかであり，これもやはり組合員総会で審議され決定される。

　このように，年に3回開催される組合員総会によって，アピクリの活動の方向性が決定される。つまり，アピクリという組織の頂点にあるのが総会であり，その下に「理事会」と「指導部」があり，さらにその下に「コミュニティ開発とアドボカシー活動」「販売促進と小規模生産者支援」「マイクロファイナンス」「管理と人材開発」「財務」という五つの部門を抱える。特に「コミュニティ開発とアドボカシー活動」を有し，ファミリーの事業拡大だけでなく，ファミリーによる地域全体の経済開発を側面的に支援することが，アピクリのユニークさであろう。1987年に3人のみの有給スタッフでスタートしたアピクリは，現在ではこの五つの部門で働く合計33名の有給職員を抱える組織へと発展している。

（5）支援内容

　アピクリは組織のミッションを遂行するために，前述の五つの部門のうち「コミュニティ開発とアドボカシー活動」「販売促進と小規模生産者支援」「マイクロファイナンス」の3つの部門を通じて，以下に説明する五つのプログラムを展開している。

1）生産者の能力向上プログラム

　アピクリのファミリーたちは小規模の工芸品生産者団体なので，製品の生産や販売に関する能力が脆弱である。そこで，アピクリではこうした組合員や参加者たちに対して，ビジネス手法の相談，製品やデザインの開発，マーケティングスキルの向上，能率と生産性の向上，経理，フェアトレードに関する知識向上などを目的とした研修プログラムや個別相談などを提供することにより，生産者のエンパワメント支援を行っている。例えば，アピクリの本部内には，デザインに関する書籍や，これまでアピクリのファミリーたちが開発した製品のカタログなどの資料を備えており，ファミリーたちが新し

い製品の開発の際に自由に利用できるようになっている。

2) 販売促進のプログラム

セールスやマーケティングが弱いアピクリのファミリーたちのために，市場に関する情報収集，市場調査，市場へのアプローチ，輸出の促進などのプログラムを提供することによって，製品の販売促進を行っている。基本的にアピクリが海外への輸出を担当し，国内マーケットに関しては生産者自身が自ら積極的にアプローチできるような支援を提供している。2011年には，海外輸出用の品質基準をクリアした82のファミリーの団体の製品が輸出され，残りの約390団体の製品が国内マーケットで販売された。2011年の海外の取引団体は，9カ国（フランス，スペイン，イギリス，オーストラリア，日本，オランダ，カナダ，香港，アメリカ）の19団体であるが，このうち継続的に安定して取引が行われているのは9団体であり，中でもアメリカのTen Thousand Villages（http://www.tenthousandvillages.com/，2014年11月6日アクセス）はアピクリの総売上の30%を占めている。

アピクリのミッションを共有できるかを基準に選定される海外の取引団体は，消費者により直接的にアプローチすることを目指すため，仲介業者，代理店，卸売業者ではなく，フェアトレード団体やフェアトレードショップといった小売業者であることが多い。

一方，インドネシア国内での製品販売に関しては，ジョグジャカルタのアピクリのオフィス内のショップと，他の国内のフェアトレード団体と協同運営するバリのショップで行っている。こうしたショップの客のほとんどが外国人およびインドネシア人の観光客である。また，アピクリのサポートを受けて生産者団体自身が販路を開拓し，国内および海外のマーケットとも直接取引することも少なくない。

3) 財政支援

アピクリの組合員の多くは非常に規模の小さな生産者団体なので，事業拡大などのために財政的支援が必要なことが多い。そのためにマイクロクレジ

ットのプログラムを提供し，長期低金利貸付，製品受注時の50％の頭金の支払い，社会保険の整備などの支援を行うことによって，組合員が事業拡大し，経済的に安定したビジネスを展開できるように支援するとともに，その地域全体にも貢献できるように支援している。

　4）　環境に配慮した事業の推進

　アピクリは，単にファミリーのビジネスの拡大だけに焦点を当てて活動しているわけではない。アピクリの組合員や参加者たちが運営する工芸品事業の多くは原料として木材を使用しているが，こうした生産者の地域の自然環境，そしてさらには地球全体の環境保全を目的に植林事業にも力を入れている。生産者が環境に配慮し計画的に木を伐採するとともに，長期的に安定した事業運営のために必要な植林に関する知識と技術を生産者に教育し，それを実行できるように支援することで，持続的な地域の発展を目指している。また，バティックなどの染料に関しても，ファミリーの生産者団体ができるだけオーガニックのものを使用するよう促すことによって，製品の価値を高めるとともに，消費者にとっても優しい製品を販売できるように支援している。

　5）　小規模生産者のためのアドボカシー活動

　アピクリはファミリーの事業支援にとどまらず，インドネシアにおけるフェアトレード産業の発展のために，民間セクターのオンブズマンとしての活動も行っている。国内の工芸品ビジネスの動きに関する調査を実施したり，各地域における工芸品ビジネスに対する規制を行う自治体に対して，小規模の生産者とともに改善を訴えかける活動を展開している。

（6）具体的なビジネスの仕組み

　現在33名の有給の職員を抱えるまでに発展したアピクリは，財政的にはどうのように成り立っているのであろうか。アピクリは協同組合なので，先述の通り組合員からの入会金と月会費の収入はあるが，それは組織全体の収入

第9章　フェアトレードによるコミュニティ・エンパワメント

のごく一部である．アピクリの主な収入源は，ファミリーと呼ばれる生産者団体の工芸品を国内および海外の市場で販売する仲介業である．生産者，取引先（バイヤー），アピクリの3者間のお金の流れは以下の通りである．

- 注文ごとに，商品代金の50％を頭金として取引先から前払いしてもらう．この頭金によって，生産者は商品を生産して，アピクリを通して海外の取引先に輸出する．取引先は商品を検品後，残りの50％をアピクリに支払う．
  - ➢ 仮に10万ルピアの商品であれば，これに4万ルピアの手数料（アピクリの取り分）を上乗せした代金（14万ルピア）を取引先に提示する．
  - ➢ 契約成立時に，頭金として7万ルピアがアピクリに支払われ，そのうち5万ルピアが生産者へ支払われ，生産者はこのお金を基に商品を生産する．残りの2万ルピアは，アピクリの収入となる．
  - ➢ アピクリが製品を取引先に輸出し検品後に，残りの7万ルピアが取引先からアピクリに支払われ，そのうち5万ルピアが生産者へ，残りの2万ルピアがアピクリの取り分となる．
  - ➢ もし頭金の額では商品の生産にかかるコストをカバーできない場合，必要に応じて生産者に対してアピクリが1.2％の利子で融資する．
- 全体として生産者とアピクリの純利益は15～20％となる．
- ファミリーである470の生産者団体から毎年500の製品サンプルがアピクリに持ち込まれる．インターネットを通じて，すべての取引先に製品のカタログが紹介される．
- アピクリの本部にあるショールームには，ファミリーの全製品の見本が置いてあり，バイヤーが年に1～2回やってきて商品を注文することもある．
- カタログやショールームを通じて，取引先から「～のような製品」が欲しいという提案があると，アピクリがファミリーの生産者団体の中

から生産可能な団体を選択して，その生産者に対してデザインや生産方法などを支援して製品づくりを行う．取引先と生産者の間に入って，デザインや注文のやり取りの一切をアピクリが担当する．

また，アピクリでは，ファミリーの生産者団体の製品の版権と請求権（クレーム）に関しても以下のようなルールを設けており，ファミリーの権利が守られる仕組みを作っている．

- ファミリーによるデザインは，それをデザインした人や団体が所有権を有する．
- アピクリが取引先機関から注文を受けると，その商品の所有権を持つ人または団体が商品を生産する．
- もし誰かがクレームをつけた場合，アピクリが仲介する．
- もし取引先が他の素材で商品を生産したり，デザインを盗むなど，所有権を侵害した場合，アピクリがファミリーに代わって権利を要求する．

このような仕組みの仲介業からアピクリに入る収入は，アピクリの総収入の95％を占める．こうした事業の成功の背景にあるのが「フェアトレード」というブランド戦略であろう．もちろんアピクリは，技術支援による製品の質の向上と，前述の仲介業の仕組みによって生産者が公正な収入を得られるようにしている．しかし，海外の取引先はフェアトレード団体やフィアトレードショップであり，先進国の消費者たちが製品の質に加えて「フェアトレード」だということで，通常より高いプレミアム価格の製品を購入することで安定したビジネスが成り立っている．この点が，アピクリが他の仲介業と異なる点であろう．

この仲介業以外のアピクリの収入としては，地方自治体から受託したり，

外部の助成団体から助成を受けて、地域で工芸品ビジネスを起業する人びとに対してトレーニングや技術的なサービスを提供する事業も展開している。2011年にはこうしたトレーニングを24の地域で提供したが、研修事業による収入は現状ではアピクリの総収入の数％にとどまっている。今後は、こうした研修事業に加え、生産者を訪問するスタディツアー事業を展開することも計画中である。

3 アピクリの存在意義

前節ではアピクリの概要を紹介したが、本節ではインドネシアの経済史の中での工芸品産業の位置づけと、その工芸品産業に対する政府の支援を振り返ることによって、なぜ工芸品産業の協同組合が必要とされるのかを明らかにすることで、アピクリの存在意義を説明していく。

(1) インドネシア経済と工芸品産業の発展

インドネシアは1945年にオランダからの独立を宣言し、1949年に正式に独立主権国家として国際的に承認されたが、経済的にはオランダ植民地経済が維持されたままであった（佐藤 2013）。1958年に反オランダ機運が高まり、政府がオランダ企業を全面的に国有化し経済的な独立が達成されたが、農園作物を輸出して稼いだ外貨で工業製品を輸入するという一次産品輸出依存型の経済は、植民地時代と大きな変化はなかった。当時のスカルノ大統領は生産・流通活動への国家統制を強めたが、国営企業の生産は低迷し、輸出も低下して、財政赤字とインフレが悪化し、経済破綻に向かった。

こうしたなかで1966年に発足したスハルト政権は、社会主義的統制経済を資本主義的自由経済へ転換して、「上からの工業化」により年平均7.0％の経済成長を30年以上続けるとともに、所得格差も縮小し、世界的に評価を受けた。この資本主義的自由経済への転換、そしてそれによる経済成長は、農村

第Ⅱ部　実践編

部までくまなく官僚機構を到達させるとともに，貨幣経済を深く浸透させ，インドネシアの農村に大きな経済的・社会的変容を引き起こした（中谷 2000）。その結果，大土地所有者は都市へのアクセスが容易になるにつれて農業収入を増やし，その資本を基に手織物業などに参入するものなども現れていった。

　また，インドネシア政府は1960年代より稲作の生産力増強に力を入れ，新しく開発された高収量品種の強制栽培が行われた「緑の革命」によって，1984年にはコメの自給が達成できた（水野 2013）。しかし，サーベル農政[(2)]による生態系システムの破壊や，収穫の伝統システムの消失などにより，所得分配機能が大幅に低下した。つまり，1980年代の農業による経済的自立の成功は，必ずしもすべての農民たちの幸せや心の豊かさを高めるものではなかった。小作人はもちろん，小さな農地しか所有しない農民たちの生活には変化がないどころか，以前より悪化してしまったのである。その結果，農家の多くが農期の合間に地域の資源などを活用した工芸品づくりに取り組むようになった。

　また，1970年代から1980年代にかけての国策としての小学校増設とそれにともなう就学率の向上，さらに公営クリニックなどによる近代医療の普及により，教育費や医療費などの現金支出の必要性が高まったことも，農民たちが現金を求めて工芸品づくりに取り組むことを後押しした。特に，女性たちがバティックや布生産などの仕事に就くことによって，現金収入を得ようとしたのである。

　しかし，「開発」を最優先するスハルト政権は，国民の自由と人権の抑圧の上に成り立った権威主義体制で，汚職，癒着，縁故主義に対する批判が次第に高まるとともに，アジア通貨危機をきっかけに国民の民主化運動が起こり，1998年にスハルト大統領は辞任に追い込まれた。1998年に経済成長率がマイナス13％にまで転落するとともに，その前後には暴動，紛争，自爆テロ，地震・津波，鳥インフルエンザに見舞われる「混乱と停滞」の時期となった

が，2004年の建国史上初めての直接大統領選挙によってユドヨノ大統領のもと安定した民主主義の政治体制を確立したインドネシアは，これから2030年にかけて人口ボーナスの効果が最も大きくなる時期に差しかかっており，2011年に発表された「インドネシア経済開発加速・拡大マスタープラン2011～2025年」に基づいて，政府主導の経済開発が難しい民主主義体制のもとでの経済成長を目指している（佐藤 2011）。

（2）政府による工芸品産業支援

こうした状況の中で，インドネシア政府は工芸品産業をどのように支援してきたのだろうか。小零細企業振興は，スカルノ政権時代よりインドネシアの経済政策で重要視され，独立直後の1950年代には土着インドネシア資本による産業振興を目的とした生産加工センタープログラムや，民族資本の育成・保護を目指す経済緊急計画などが実行された（水野 1999）。スハルト政権下でも，1974年前後から低利子融資政策や技術経営指導を展開した。例えば，1988年には工業省がKredit Industri Kerajinan（手工芸品のための借款）と呼ばれる低利子融資プログラムを開始している。また女性対象プログラムとしては，家内制手工芸品生産への女性の参入と生産性向上を支援する，工業省が1981年に開始した「小工業における女性の役割増進プログラム」もあった（中谷 2000）。こうした，政府からの工芸品産業支援は，1997年の経済危機以降さらに強化されたという。

（3）協同組合の必要性

政府によるこれらの工芸品産業支援は，ビジネス拡大という成果重視で展開されてきた。つまり，国として産業の発展を支援して国家の生産性を高め，経済力が増大されることを第一の目的としてきた。その結果，生産性およびマーケティングのいずれの側面も弱い小規模の工芸品の生産者たちの多くは，こうした政府の支援の恩恵を受けられなかったり，うまく活用できなかった

りで，大きな成功をあげることは難しかった。

　こうした中，小規模の生産者の経済的な成功を支援するとともに，地域の活性化やコミュニティ開発を目指し，成果重視よりもプロセス重視の支援の必要性の高まりから生まれたのが，小規模の生産者団体の協同組合であるアピクリであった。大規模な産業全体の支援を展開する政府に対して，組合員制であるアピクリは，単に自分たちの利潤だけを求めるのではなく，コミュニティ全体のエンパワメントまでを考える小規模生産者のみが組合員として認められる。そうすることによって，政府の制度やサービスが十分に受けられない零細な生産者団体，さらには地域の貧困者までもが経済的な支援の対象となり得るのである。協同組合であるアピクリが，小規模生産者と国内外の市場との間に入って製品を国内外へフェアトレード製品として流通させ，先進国の市場のフェアトレード購入層へのアクセスを可能とすることで，生産者およびそのコミュニティの経済が活性化されるとともに，それを支援するアピクリにも一定の収入が入る仕組みが維持される。

　独自でマーケティングや製品開発を行うことのできない小規模生産者にとっては，アピクリという協同組合から製品開発や品質向上の技術支援を受けることができたり，製品の販売ルートを確保できるというメリットがある。一方，国内外の市場にとっては，質の良いフェアトレード製品や，自分たちが求める製品を，確実に安定して仕入れることができるメリットがある。つまり，生産者，市場，アピクリという3者にメリットのある流通の仕組みによって，持続的な活動が可能となっているのである。

　ただし，アピクリのような協同組合と政府の支援機関がまったく独立して活動しているわけではなく，後述の事例紹介にもあるようにアピクリが自治体からの地域活性化プログラムを受託して実施したり，政府が主導する海外でのインドネシア製品の見本市などでは，アピクリが政府の助成を受けて工芸品の展示を担当するなどの連携を行っている。

　もちろん，先述のようにアピクリの収入の大部分は仲介業によるものであ

第9章　フェアトレードによるコミュニティ・エンパワメント

り，その収入によって，アピクリのファミリーとともにそのファミリーのコミュニティ全体の経済開発の支援活動が維持されている。したがってアピクリは，基本的にはコミュニティ基盤型事業を展開しており，その収入でファミリーがコミュニティの経済活性化に貢献できるようにアドバイスをしたり，相談にのったりしているが，地方政府や助成財団からの助成による大規模な研修事業など，必要に応じて公共サービス参加型事業をコミュニティ基盤型事業に組み合わせて行っている団体だといえるであろう。

4　ソーシャル・インパクト

　1987年の設立時，18万ルピアの資本金をもとに25名の組合員でスタートしたアピクリは，現在では42の小規模生産者団体と19名のアピクリの職員の合計61名の組合員を抱えるまでに発展し，総売り上げに関しても，2010年の総売り上げが40億ルピアを超えるまでに成長した。ファミリーと呼ばれる生産者団体のうち高品質の製品を生産できる82団体の製品が海外の市場で販売され，残りの約390の団体の製品がインドネシア国内で販売されるまでになっている。しかし，アピクリの生み出すソーシャル・インパクトは，単にアピクリの仲介によるファミリーの団体の収入向上やエンパワメントだけではない。アピクリの理念を共有し，アピクリの支援によって安定した収入を確保しているファミリーがそれぞれ展開しているコミュニティ開発や地域の活性化，つまりコミュニティ・エンパワメントこそが，アピクリの生み出すソーシャル・インパクトだといえるであろう。本節では，三つのアピクリと連携する生産者団体の事例を紹介し，生産者のエンパワメントが，どのようにコミュニティ全体のエンパワメントにつながっているかを紹介する。

（1）チャンプルン・アジ

　チャンプルン・アジは，ジョグジャカルタから車で南へ1時間のジョグジ

ャカルタ特別行政区バントゥル県サンタン村にあるヤシの実を使用した工芸品の工房である。食用としてのヤシの実の栽培以外に主な産業を持たない貧しい小さなサンタン村で生まれ育ったヌル・タウフィク氏は，高校卒業後，同級生たちが仕事を求めてジャカルタに出ていくなか村に残り，それまで廃棄されていたヤシの実の殻を使ったキーホルダーや壁かけなどの工芸品を，この地域で初めて兄とともに独学で1992年につくり始めた。最初は，製品を自分たちでホテルでのイベントで販売したり，地域の小さなお店で販売していた。当時この地域では競争相手がいなかったので，食べていくのには十分な稼ぎであったが，事業として成功していたわけではなく，やがて兄は工芸品づくりから離れていった。

こうした中，事業の拡大を模索していたヌル氏と，ユニークで質の高い工芸品づくりをしている彼の技術に目をつけたアピクリの思惑が一致し，ヌル氏は1994年にアピクリの組合員になることを決意した。その背景には，①独自にホテルのイベントなどで販売するだけでは持続的なビジネスとしては成り立たない，②技術指導を受けて新しい製品づくりにチャレンジできる，③事業拡大のために融資を受けられる，ということがあった。一方アピクリは，ヌル氏がサンタン村全体をココナッツ産業で活性化するビジネスリーダーになる可能性があり，個人としての成功だけでなく，コミュニティ全体のエンパワメントの担い手になってくれるであろうという期待のもと，彼を組合員として受け入れ，支援することに決定したのである。

ヌル氏がアピクリを通して最初に受けた注文は，1994年6〜7月にかけてのヤシの実の殻を使用したマラカス1,400個であった。質の高い製品を納品した彼は，その後，このカナダの取引先から1998年まで毎年受注を受け，1998年には1万個の注文を受けるまでになった。その結果，彼は立派な住居兼工房を建設することができ，現在では12名の職人を抱えるまでに事業を拡大することに成功した。1999年以降，妻が工房の経理を担当し，ヌル氏自身は職人の指導とマーケティングに専念するようになったため，アピクリを通

しての大規模な受注を受けることはなくなったが，現在でも製品のデザイン面での支援はアピクリから受けている。

　そして彼の成功は，彼の家族だけに限定されたものではない。彼の工房で雇用された無職だった近隣の人びとはやがて独立して自分の工房を持つようになり，独立後もヌル氏が受けた大量の工芸品の注文の下請けの仕事を受けることによって，経済的に安定した生活を送ることできるようになっている。また，大量の工芸品の受注により，ヌル氏らにヤシの実の殻を供給する近隣のヤシの木を栽培する人びととの事業も潤うとともに，この村の人びととの仕事づくりとしてココナッツミルクや，ヴァージン・ココナッツオイルもヌル氏らの尽力によりこの村の産業として定着しつつある。現在では，彼のリーダーシップにより，この村の約50家族が，ココナッツオイル，ナタデココ，フレッシュココナッツ，工芸品などの産業に従事するココナッツビジネスのコミュニティに発展するまでになった。

　現状の課題は，ヌル氏自身はアピクリの組合員であるためアピクリから事業拡大や大規模な受注のために融資を受けることができるが，村の他の人びとはそれが受けられないことである。そこで，村のココナッツ産業に携わる50ぐらいの家族で協同組合を作り，融資し合えるような仕組みつくることを計画している。さらに，政府の観光局や地方政府からの支援を受けて，前述の協同組合で，サンタン・ココナッツ産業村（Santan Coconut Industrial Village）を運営して，既存の産業に加え，ホームステイを含むスタディツアー，ヤシの実を使用した伝統的レストランの経営を計画している。さらに，ヤシの実の炭を使用したリキッドスモークの生産事業も構想しているとのことである。こうしたコミュニティ全体のエンパワメントを目指した取り組みに対して，アピクリは今後広報などのサポートや，ツアー観光客のもてなし方のトレーニング，さらにはレストランでのココナッツランチなどのアイディアや技術提供を行うことによって，サンタン村のコミュニティ開発を側面的に支援していく予定にしている。

第Ⅱ部　実践編

（2）サヤクティ・クラフト

　ジョグジャカルタから車で2時間程のところに位置するバントゥル県マグナン村にあるサヤクティ・クラフトは，2006年のジャワ島中部地震を機に立ち上げられた木工製品の職人組合である。山間部にあるこの村は，もともと地域の資源である木材を活用した木工製品が有名であった。マグナン村の職人たちは，ジョグジャカルタなどの都市の大きな企業からの下請けで個々に製品を製作していたが，職人同士で製作を助け合ったり，注文をシェアしたり，連携して仕事をすることはなく，お互いに価格競争をすることで収入はそれほどよくなかった。そのような中，2006年にこの地方を襲ったジャワ島中部地震で家や仕事を失った村の多くの人びとが，親戚や知人を頼って他の地域に移住したことで，村の産業は衰退してしまった。一方，村に残った若い人びとは，震災前には互いに助け合ったり村を活性化させるという意識に持っていなかったが，被災したことを契機に「力を合わせて村の復興のために頑張ろう！　この地域の資源を活用して協力して頑張ろう！」という意識を持ち始めた。こうして，2007年9月に村の若者男性22名がコミュニティ全体の復興を目指して立ち上げたのが，木工製品の職人組合サヤクティ・クラフトであった。

　立ち上げ後しばらくは，自分たちで細々と事業を行っていたが，地方政府が被災者支援の一環としてアピクリに委託した起業研修に参加した職人組合の代表であるブディ氏が，村の事業を拡大することで震災によってダメージを受けた村全体を活性化させたいと考えるようになった。それを，研修受講生のフォローアップのため村を訪問したアピクリのスタッフのアティ氏に相談したところ，事業拡大のための助成金獲得のための申請書を作成するよう提案された。アピクリの協力の下に作成した助成金の申請書には，能力開発のトレーニング，18カ月の技術指導，マーケティング・トレーニング，デザイン・トレーニング，ショールームの設立，有機肥料，植林，製品サンプルのパートナー団体への送付など，10のプログラムの計画が含まれていた。こ

第9章　フェアトレードによるコミュニティ・エンパワメント

資料9-1　サヤクティ・クラフトの代表のブディ氏の木工製品の工房

の申請書によってスイスの財団から助成金を獲得し，デザインのトレーニングに関してはオランダのフェアトレード製品のデザインをサポートする団体ダッチ・デザイン・イン・ディベロップメントの指導者から，その他のトレーニングはアピクリから受けることができた。

　アピクリが助成金の申請書作成に協力した背景には，サヤクティ・クラフトが個人の収入向上のためだけではなく，コミュニティ全体の復興のためにお互いに助け合う理念のもとに活動していることに加え，助成金の獲得によってサヤクティ・クラフトがさまざまな研修を受けて事業を拡大してお互いに助け合うことが可能になることがあった。また，アピクリにとっても研修を担当することによってアピクリの安定的な運営にも役立つという，両方の組織にとってメリットがあったからである。

　これらのトレーニングを受けた結果，木工製品だけでなく，織物やレンタカービジネスなどにも事業が拡大し，村を復興させることができた。現在，村の住民たちは，手工芸品の他，木炭，林業，材木，肥料などにも事業を拡

大している。それまで3名の職人を雇用していたメンバーの一人は，助成金の研修を受け9名の職人を雇用するまでに事業を拡大することに成功している。また，別のメンバーは有機肥料ビジネスから植林事業へと事業を拡大することに成功した。さらには，こうしたコミュニティ・エンパワメントの成功体験から，職人組合の代表のブディ氏はスマトラ地方の地方政府から招聘されて他の被災地の若者に対する起業トレーニングの講師を務めるなど，今ではこのコミュニティだけでなく，他の地域のエンパワメントにも貢献するようになった。

現在のこの村の課題としては，大量の注文があるときには仕事をシェアして生産者同士で支えあうことができるが，そうでないときはお互いに支援し合えず，メンバーの中には事業がうまくいかず，村を出ていくことを考えている人がいることだそうだ。そのような状況を減らすためにも，今後はさらに事業を拡大して安定した収入を確保し，常に職人組合のメンバーをお互いにサポートできる体制の構築を，サヤクティ・クラフトは目指している。

(3) ベルカ・レスタリ

ベルカ・レスタリは，ジョグジャカルタから車で2時間程のところに位置するイモギリ県ギリロヨ村にあるバティックの女性職人組合である。約50名の主婦がメンバーとして参加しているベルカ・レスタリは，この地域のバティックを保護し国際的に広めることをミッションとして，布や木工製品のバティックを製作している。この村に住む女性たちは昔から布のバティックを製作することで生計を立てていたが，ジャワ島中部地震が起こるまでは，ジョグジャカルタなどのバティック会社の下請けを行っていただけで，収入は限られていた。さらには，この村の男性は工事現場，農業，王族の墓のボランティア衛兵などに就いているため，収入が低く，多くの女性が家計の中心を担っている状況であった。また，バティック製作の全工程を行うのではなく，布をもらって染めるという一部分の工程を請け負っていたため，すべて

の工程を行う技術を持つ女性は少なく，自分たちでマーケットを拡大できないことも，収入が向上しない要因になっていた。そのような状況の中，2006年に発生したジャワ島中部地震は，この村全体，そして村のバティック産業に大きな被害をもたらした。震災後，地元の被災者支援のNGOがイモギリ地域のバティック保護活動を行ったことを契機に，村の復興を目指し2007年に職人組合ベルカ・レスタリが立ち上げられた。

　組合の立ち上げ後，この組合に実習に来ていた大学生が商品開発やカラーリングのトレーニングのために，アピクリをこの村へ招いた。アピクリは，バティックが村の復興の鍵を握る産業であり，自分たちが関わることによって女性たちのエンパワメント，さらにはコミュニティ全体のエンパワメントが達成される可能性があると考え，この招聘に応じたのである。アピクリのトレーニングを通して，この村は布のバティックだけではなく，木工製品のバティックの製作を開始するとともに，マホガニーの樹液，木の葉，インディゴなどを使用し環境に配慮したナチュラルカラーリングによるバティックを行うようになった。ナチュラルカラーリングや木工製品のバティックの製作技術を習得したことで，アピクリを通してフランスから木工製品のバティックの注文を受けるなど，マーケットや事業が拡大し，収入はアピクリが関わる以前の数倍に増えた。初めてフランスから木工製品のバティックの注文を受けた時には驚き戸惑っていた女性たちも，自分たちの製品への需要があることがわかり，次第にやる気と自信を持って製作するようになった。現在では，フランスやアメリカから布および木工製品のバティックの注文を受けて生産するとともに，女性たちが自ら展示会などに参加してマーケティングをするまでに成長した。また，さらなるマーケット拡大を目指しバティック・メイキング体験ツアーの受け入れも行っている。

　アピクリが関わったことで，単に都市部の会社の下請けだけでなく，バティックが村の産業として発展し，生産者の収入が増加するとともに，助け合いのシステムとしてマイクロクレジットも取り入れたり，ビジネスの拡大に

第Ⅱ部 実践編

資料 9-2 ペルカ・レスタリの工房で手作業でバティックを製作する女性職人たち

よって女性の夫たちも下請けや販売の手伝いが可能となり，コミュニティ全体の経済が活性化されたといえる。今後もバティック・メイキング体験ツアーの受け入れを増やし，村のバティック産業の拡大を通してコミュニティ・エンパワメントを目指す予定である。

(4) 事例にみるアピクリのソーシャル・インパクト

この節で紹介した3事例から，アピクリの支援が，単にファミリーである生産者一個人，その家族，あるいはその人の工房だけのエンパワメントにとどまっていないことがよくわかる。チャンプルン・アジの事例では，組合員であるヌル氏への技術支援やマーケティング支援を通じて彼のビジネスを成功させることによって，彼がコミュニティの貧困者を雇用するだけでなく，ココナッツ産業を核としたコミュニティ全体の活性化が引き起こされた。二つ目のサヤクティ・クラフトの事例では，地震によって壊滅的な被害を受けたマグナン村の木工製品の職人組合が技術支援やマーケティングなどの研修

を受けるための助成金獲得を支援することによって，村全体の事業拡大や活性化に成功するとともに，お互いに助け合うシステムを構築した。さらに，この成功体験から職人組合のリーダーが他の被災地域の産業復興のアドバイザーとして貢献するまでになっている。最後のベルカ・レスタリの事例でも，被災するまで都市部の下請けを細々と行っていたバティックの女性職人組合に対してオーガニックの染料の使用や木工バティックに関する技術指導およびマーケティング支援を行うことによって，バティックが村全体の産業として発展し，生産者やその家族の収入が増加するとともに，マイクロクレジットなど助け合いのシステムが村に構築された。

このように，アピクリのファミリーに対する技術指導やマーケティング指導の支援は，その工芸品の生産を地域の産業として発展させたり，特定の事業の成功によって地域の他の事業も活性化させたり，お互いに助け合うシステムや関係を構築するなど，コミュニティ全体のエンパワメントにつながっているのである。アピクリがこうしたソーシャル・インパクトを生み出せる背景には，組合員や参加者を「ファミリー」と呼ぶことが表しているように，組合員さらには参加者の多くがアピクリの理念を共有し，確固たる信頼関係が築けていることがある。そうでなければ，アピクリから技術的支援やマーケティングの支援を受けても，少人数の人たちの収入向上で終わってしまい，限られたソーシャル・インパクトしか生み出すことはできない。フェアトレードとして先進国でのプレミアム価格での製品販売による収入向上や，技術支援による製品の質の向上に加え，ファミリーと呼ばれる組合員や参加者がコミュニティ全体のエンパワメントというアピクリの理念をしっかりと共有し地域の経済発展に向けて活動しているからこそ，アピクリとそのファミリーは大きなインパクトを残すことが可能なのである。

第Ⅱ部　実　践　編

5　フェアトレードによるコミュニティ・エンパワメントの可能性と限界

　本章では，インドネシアにおいて小規模工芸品生産者の協同組合という形態の社会的企業を通じて，ファミリーと呼ばれる組合員や参加者である経済的困窮に喘ぐ小規模生産者団体の支援とともに，そのファミリーによるそれぞれのコミュニティ全体の経済活性化やエンパワメントを側面的に支援するアピクリを紹介してきた。本章を締めくくるに当たって，アピクリの成功の鍵を振り返ることによって，このアピクリがビジネスモデルやソーシャル・イノベーションとして与えるインパクトについて考察するとともに，アピクリの抱える課題や限界について議論する。

　アピクリの成功の鍵として，現在の代表のアミール・パンズリ氏は以下の点を挙げている。

- 純粋なビジネスではなく，協同組合という形態であり，組合員や参加者を「ファミリー」と呼ぶ構造。これによって，組合員や参加者全員が責任感を持つようになる。
- 単に産業の拡大や事業の成功を目指す既存のビジネス・モデルの枠を超えて，ファミリーの能力開発支援を通してコミュニティ全体のエンパワメントを目指している。
- 生産者の版権を保護する。
- 一つ商品を制作するのに，各部分をいろんな生産者に発注して，お互いに助け合う仕組みの構築。

　アピクリの組合員受け入れの基準は，単に自分たちの収入向上を目指すだけでなく，自分のコミュニティの開発に貢献しようという意志を持っている

第9章 フェアトレードによるコミュニティ・エンパワメント

もの,あるいはコミュニティ・エンパワメントに取り組む熱意を持っている人たちである。そうした人たちを「ファミリー」と呼ばれる組合員として迎え入れ,アピクリという協同組合の運営に参加できる仕組みを作ることによって,事業支援とともにコミュニティ開発支援が持続的に行える仕組みとなっている。したがって,当初小規模であった生産者がアピクリの支援によって事業規模を拡大し,安定した収入が得られるようになっても,アピクリはその組合員や参加者を支援し続ける。それは,そのファミリーの団体が仕事を地域の他の人びととシェアすることにより,そうした下請けをする小規模の生産者のエンパワメント支援が可能となるとともに,地域の失業者や貧困者をそれぞれの工房で雇用することによって地域のより多くの人たちの支援につながるからである。

こうしたアプローチは,単に産業の拡大や経済の活性化を主眼にした政府や自治体の支援にはなかったものである。また,組合員や参加者の事業が拡大すれば,アピクリの収入もそれに応じて増加し,さらに多角的で多くの人たちの支援が可能となる。それと同時に,アピクリの職員に対しても,給与や福利厚生面できちんとして手当を行うことが可能となる。このアピクリの協同組合を通しての組合員や参加者に対する支援によるコミュニティ開発,そしてその結果としてのアピクリの安定した持続的な社会的企業としての役割はインドネシア国内では高く注目され,実際に毎年多くの他の地域の協同組合が視察にアピクリを訪問するなど,インドネシア国内の協同組合のロールモデル的な存在となっている。

このようにアピクリがインドネシアで協同組合やフェアトレードのモデル的な立場となった背景には,アピクリが構築した協同組合としてファミリーと呼ばれる生産者を通したコミュニティ全体の開発支援という社会的企業としてのビジネスモデルがあるのだが,それを支えているのが代表であるパンズリ氏の持つ統率力,先見性,ネットワークである。もともとNGOの職員だったパンズリ氏は,設立当初から組織の中心スタッフであり,1990年代に

第Ⅱ部　実　践　編

アピクリの代表を務めたあと一時的に組織を離れたが，組織の安定的な運営には不可欠ということで再びアピクリからの要望で，組織の代表をつとめ現在に至っている。アピクリがジョグジャカルタ近郊の工芸品の小規模生産者たちの支援，およびそれを通した生産者のコミュニティ全体のエンパワメントを継続的に支援し続けるためには，パンズリ氏の後継者を育成し，現在のフェアトレードを通したコミュニティ開発のビジネスモデルを，組織として継続していけるようになることが当面の課題であろう。

また，フェアトレードの仲介業というコミュニティ基盤型事業を，そのまま地域開発のモデルケースとすることにも注意が必要であろう。現状では，アピクリの事業は成功しているが，それは先進国のプレミアム価格でもフェアトレードの工芸品を購入しようという層の人たちの共感的消費によって支えられている部分が少なくない。しかし，こうした層の大きさは限られており，少なくとも現状では無制限にこうした事業を拡大していくことは困難である。また，共感的消費は，景気によって左右されやすい点にも注意が必要であろう。こうした点に対応するためには，アピクリもすでに一部で実施しているように，公共サービス参加型事業を組み合わせて，コミュニティ全体や産業全体の支援を行っていくことを検討することが重要かもしれない。

ただアピクリがユニークな点は，フェアトレードというビジネスを活用したコミュニティ開発という点だけでなく，協同組合や仲介業の形態をとりながらも，組合員だけでなく組合員のコミュニティ全体の経済発展やエンパワメントを理念としている点である。さらに，ファミリーと呼ばれる組合員や参加者がその理念に賛同し，それに基づいてコミュニティ開発のリーダーとして活躍するとともに，アピクリもそれを側面的に支援していくというモデルは，単なるフェアトレードというビジネスモデルを超えて，さらには業種や国の枠を超えて，大きなソーシャル・インパクトを与える社会的企業の一つのビジネスモデルとなり得る可能性を秘めている。

注
(1) ろうけつ染めの布地。
(2) 政府による強権的な農業政策の強制。
(3) 生産年齢人口（15歳から64歳）が総人口に占める割合が上昇していく局面。

参考文献
井上真（2013）「森林の開発と保全——二酸化炭素という怪物の登場」間瀬朋子・佐伯奈津子・村井吉敬編著『現代インドネシアを知るための60章』明石書店，316-320頁。

佐藤百合（2011）『経済大国インドネシア——21世紀の成長条件』中央新書。

佐藤百合（2013）「インドネシアの経済史——国有化，工業化，そして新興経済大国へ」間瀬朋子・佐伯奈津子・村井吉敬編著『現代インドネシアを知るための60章』明石書店，254-257頁。

中谷文美（2000）「『女の手仕事』としての布生産——インドネシア，バリ島における手織物業をめぐって」『民俗学研究』65(3)，233-251頁。

水野廣祐（1999）『インドネシアの地場産業』京都大学出版会。

水野広祐（2013）「農業——300年におよぶ栽培強制とその終焉」間瀬朋子・佐伯奈津子・村井吉敬編著『現代インドネシアを知るための60章』明石書店，268-272頁。

おわりに

　本書では第1章で言及したように，社会的企業のタイプを『公共サービス参加型事業』『コミュニティ基盤型事業』『問題対応型事業』の3タイプに類型化しているが，これらは事業の基本的な特徴に着目した理念型であるともいえる。本書のテーマでもある社会的企業の「カリスマ像からの脱却」と「パートナーシップの明確化」の視点から捉え直すと，社会的企業の創業から定着，発展，確立といった生成・成長過程から類型化も可能だし，セクター類型化も提示できるかもしれない。また，組織運営をいかなる財源に依拠しているかによっても税金型，寄付型，料金型の経営類型で見立てを整理することもできる。

　おおむね社会的企業の設立当初は個人創業の場合が多く，創業者，創設者の確信的な理念と情熱，斬新なアイデア，強烈なリーダーシップに支えられた操業になりやすく，ボランティア精神や寄付寄贈の行為がなければ事業も軌道に乗らないことが多い。社会に貢献したい，社会の問題を個人としても解決したいという志があっても，資金の面で躓いてしまうこともある。そのため創設者と同行者の献身的な努力と私的な投資や寄付・寄贈に依存して創業期の危機を乗り越える場合が多いのも確かである。

　しかし，事業が定着し安定してくると，それまでの「個人商店もしくは中小零細企業」のままでは許されない事態も現れてくる。事業規模が大きくなった分だけ，働く人の労働基準を守るとかいわゆるコンプライアンスとか社会的に存在する企業として責任も果たさなければならなくなる。社会的に評価される社会貢献を行っていても従業員の過労やパワーハラスメントなどが社内で横行していてはブラック企業の汚名を着せられることになる。同じよ

うに弱小NPOの代表がボランティア精神でスタッフにサービス残業を強要することも起こりがちである。

　創業期にはやむを得ないことであってもスケールアウトして事業規模も大きくなれば一般企業と同じように社会的に求められるコンプライアンスなど社会的責任を果たさなければならない。さらに巨大社会的企業に成長したならば，一企業として社会的責任を果たすだけでなくステークホルダーに対する公正で協力的な役割を担うなど，地域社会もしくは社会全体に対して社会貢献するリーディング・カンパニーとしての責務を負うことも求められよう。地域社会における自治体とパートナーシップをむすんで公共的な事業を担ったり，政策提案や事業連携なども担うことになるだろう。社会問題解決に向けたアドボカシー団体としての社会的企業から全国展開している公益団体のような巨大事業体による公共サービス参加型事業では役割や機能もそれなりに異なってくるというべきだろう。

　また，本書を通じてもう一つ意識させられた課題は，「パートナーシップの明確化」に象徴される社会的企業と行政との協働のあり方であろう。民主的な経済社会は，企業セクター，行政セクター，市民セクターから構成されるものというのが一般的な理解だが，社会的企業はどこに位置づけられるかといえば，企業と市民団体の間の，収益事業は行うが利益は社会に再び還元するという公益追求型の組織である。

　このような社会的企業が行政セクターとどのような関係にあるかは，理想と現実ではかなりのギャップがありそうである。通常，行政セクターは，公益的な公共事業を担うが，行政といえども公益的事業をすべて直営で運営しているわけではない。電気・ガスなどのエネルギー供給や鉄道・バス・地下鉄などの移送・輸送システムなど一定の公的規制の下で民間の事業者による経営が行われるのはいうまでもない。社会的企業は，行政も行いにくいサービスや事業，例えば一人暮らしの高齢者見守り給食や病児保育や中途退学児童生徒の補習事業など特定の人びとへの生活支援など，一般企業でも収益性

おわりに

が低いために取り組まれない事業に先駆的に取り組む。これらの生活支援サービスには、主としてNPOが取り組んでいることが多いが、民間企業という形態で取り組んでいる例もある。中には図書館や市民会館、あるいは公立の宿泊保養所などの運営を民間企業やNPOに指定管理者制度を使って委託することも多い。安定した公共財源・公的資源を使って民間団体の柔軟な創意工夫に任せて、質の高い市民サービスの提供を進めるという謳い文句に踊らされて、公的財源を削減するための肩代わりを民間団体が担わされることも多い。公民協働の理想的なパートナーシップだともてはやされ、財政縮減による公共サービスの削減や質的低下を招く先棒を担ぐことにもなりかねない。このような公私関係、公民パートナーシップをどのように整理しておくべきか、理論的にも実際的にも多くの課題を残している。

　このように、多くの課題があるといえる社会的企業ではあるが、さまざまな要因が絡んで生じる現代社会の諸問題に対して有効性がある試みであるのは確かである。本書が、社会的企業が持つ多くの課題の克服に向けた議論の一助となれば幸いである。

　なお、本書は文部科学省科学研究費助成による「社会参加と社会貢献に寄与する『社会起業』と地域再生に関する実証的地域福祉研究」の成果の一部であることを申し添えておきたい。

　最後になったが、ミネルヴァ書房の音田潔氏には、先に出版した『社会起業入門――社会を変えるという仕事』に続けて、大変お世話になった。氏の熱意と我慢強さがなければ、姉妹編ともいえる本書は完成しなかっただろう。この紙面を借りて、厚くお礼を申したい。

2015年2月

牧里毎治

索　引

あ　行

アドボカシー………………………30, 204
　──活動……………………………180, 182
生野コリアタウン共生まつり……………168
異文化理解………………………………163
医療通訳事業……………………………174, 175
エンパワメント………176, 178, 180, 188-191, 194-201
大きな社会（Big Society）………………28

か　行

開発支援…………………176, 177, 198, 199
外部不経済…………………………………6, 7
過疎……………………………………61, 68, 83
ガバナンス…………………………………11, 24
環境保全…………………………………178, 182
韓流ブーム………………………………158, 159
共感資源……………………………………149
共感的消費…………………13, 16-18, 54, 101, 102, 200
協働……22, 23, 31, 64, 99, 103, 126, 151, 168, 177, 178, 204, 205
協同組合………4, 24, 25, 39, 57, 62, 176, 177, 179, 182, 185, 187, 188, 191, 198-200
共同作業所運動……………………47, 52, 53
クリームスキミング………15, 16, 20, 35, 45, 56
経済活性化……………176, 178, 179, 189, 198
経済的自立………………………55, 105, 178, 186
研修事業……………………100-102, 161, 185, 189
公共サービス参加型事業………5, 9-11, 13, 14, 16, 20, 28, 69, 75, 83, 104, 127, 128, 148, 156, 189, 200, 203, 204
公共サービス参加型社会的企業………47, 59
公共サービス法（Public Services Act）……………………………………15, 35
公共調達………9, 10, 13, 15, 17, 23, 25-28, 31, 36-38, 156

工芸品………176-180, 182, 183, 185-188, 190, 191
公正…………………………29, 178, 179, 184, 204
公的責任………………………35, 38, 65, 107
合理的配慮…………………………………49, 51
顧客満足……………………………………146
個人モデル…………………………………51
コミュニティ………10, 11, 13-15, 17, 20, 22-28, 31, 36, 37, 39, 40, 68, 70, 81-83, 142, 147, 148, 155, 156, 159, 161, 163, 168, 174-177, 179, 180, 188, 189, 191-194, 196, 198-200
　──・エンパワメント………178, 189, 196, 198, 199
　──基盤型事業……5, 10, 11, 13, 15, 18, 20, 69, 75, 76, 83, 128, 134, 135, 140, 147-151, 156, 176, 189, 200, 203
　──基盤型社会的企業…………………47
　──全体のエンパワメント………188-191, 195, 197, 198, 200
　──組織………………………………23, 36
　──・ビジネス…………………………149, 151
　──利益会社…………………………24, 39
雇用納付金…………………………………48
コリアタウン………155-159, 163-168, 170-172

さ　行

最低賃金………16, 55, 58, 59, 65, 75, 76, 81, 83
在日コリアン……155, 156, 159-161, 163, 166, 169, 171-174
自己批判性…………………………………133
市場原理………………………………26, 27, 35, 36
市場の失敗……………………………………3, 6
指定管理者制度……………9, 13, 18, 68, 79, 205
児童労働………………………………………44
市民活動……………141, 143-145, 147, 149, 151
市民社会組織……………………11, 12, 22-25, 31

社会起業家‥‥‥‥‥‥‥‥i, 2, 3, 13, 17, 19
社会参加‥‥‥‥‥‥46, 47, 50, 54, 55, 59-62
社会資本‥‥‥‥‥‥‥‥‥‥‥‥‥‥36
社会的価値法（Social Value Act）→公共
　サービス法（Public Services Act）
社会の企業局‥‥‥‥‥‥‥‥‥‥‥‥25
社会的協同組合‥‥‥‥‥‥‥‥‥‥57, 58
社会的孤立‥‥‥‥‥‥‥‥‥‥‥109, 126
社会的事業所制度‥‥‥‥‥‥‥‥‥‥61
社会的成果‥‥‥‥‥‥‥‥‥‥27, 33-35, 38
社会的対費用効果‥‥‥‥‥‥‥‥‥‥15
社会的投資（social investment）‥‥33, 38, 40
社会的包摂‥‥‥‥‥‥‥‥‥‥‥‥‥25
社会福祉事業法‥‥‥‥‥‥‥‥‥‥‥52
社会福祉法人‥‥‥‥‥‥‥52, 68-71, 132
社会変革志向性‥‥‥‥‥‥‥‥‥‥‥133
社会モデル‥‥‥‥‥‥‥‥‥‥‥‥‥51
就労‥‥‥8, 13, 15, 16, 18, 27, 31-33, 36, 40, 46,
　47, 49-52, 54-56, 59-62, 64, 65, 69, 71, 75,
　76, 83, 105, 106, 110-112, 174
　──移行支援事業‥‥‥‥‥‥48, 55, 58
　──継続支援A型事業‥‥‥55, 58, 64, 65,
　　72, 73
　──継続支援B型事業‥‥55, 58, 64, 65, 74
準市場‥‥‥10, 13-15, 17, 18, 21, 46, 47, 55-57,
　59, 79, 127
障害者基礎年金‥‥‥‥‥‥‥‥‥‥‥50
障害者権利条約‥‥‥‥‥‥‥‥‥‥‥49
障害者雇用促進法‥‥‥‥‥‥48, 49, 51, 64
障害者差別解消法‥‥‥‥‥‥‥‥‥‥49
障害者事業所制度‥‥‥‥‥‥‥‥‥‥61
障害者総合支援法‥‥‥9, 10, 16, 18, 47, 54, 64,
　72, 76, 79
障害者の雇用の促進等に関する法律　→障害
　者雇用促進法
障害者の日常生活及び社会生活を総合的に支
　援するための法律　→障害者総合支援法
小規模生産者‥‥‥‥176, 177, 179, 180, 182, 188,
　189, 198, 200
商店街‥‥‥‥135, 137, 138, 144-146, 155-159,
　166, 168, 170

消費‥‥‥‥‥13, 16, 18, 101, 134, 135, 142, 149,
　150
　──者‥‥‥9, 13, 14, 16-18, 20, 44, 45, 54, 79,
　101, 124, 178, 181, 182, 184
商品開発‥‥‥‥‥‥‥‥‥6, 178, 179, 195
職業訓練‥‥‥‥46, 50, 64, 86, 90-92, 95, 97, 105,
　106
職人組合‥‥‥‥‥‥‥‥‥‥192, 194-197
助成金‥‥‥‥17, 18, 79, 92, 95, 98, 100, 101, 103,
　106, 177, 192-194, 197
所得格差‥‥‥‥‥‥‥‥‥‥‥‥‥7, 185
ジョブコーチ‥‥‥‥‥‥‥‥‥‥‥48, 64
自立支援‥‥‥‥55, 95, 105-108, 110, 111, 115,
　129, 132
人権研修‥‥‥‥‥‥‥‥‥‥‥‥161, 163
ステークホルダー‥‥‥‥‥‥i, 12, 33, 204
成果重視‥‥‥‥‥‥‥‥‥‥‥‥187, 188
成果主義‥‥‥‥‥‥‥‥‥‥‥‥‥27, 35
生活困窮者‥‥‥‥‥107-109, 111, 127-129, 132
成果払い方式（payment by results）‥‥31-
　33, 35
生産性‥‥‥‥‥‥‥‥‥‥16, 56, 178, 180, 187
製品開発‥‥‥‥‥‥‥‥‥‥‥176, 180, 188
説明責任‥‥‥‥‥‥‥‥‥‥‥‥175, 178
潜在的なホームレス‥‥‥‥‥‥‥‥‥133
ソーシャル・アントレプレナー　→社会起業
　家
ソーシャル・イノベーション‥‥‥‥‥198
ソーシャル・インパクト‥‥‥‥169, 170, 176,
　189, 196, 197, 200
　──・ボンド‥‥‥‥‥‥‥33-35, 40, 41
ソーシャル・エンタープライズ‥‥‥‥3, 39
ソーシャル・ビジネス‥‥‥‥‥‥‥‥3, 4

た　行

大義に基づく（コーズベースト）マーケティ
　ング‥‥‥‥‥‥‥‥‥‥‥‥‥‥‥4
第三セクター‥‥‥‥22-26, 28, 30, 31, 35-38, 71
　──局‥‥‥‥‥‥‥‥‥‥‥‥‥25, 40
　──組織‥‥‥‥‥‥‥‥‥‥‥23-25, 27
脱施設化‥‥‥‥‥‥‥‥‥‥‥‥‥50, 57

地域経済……………………82, 83, 134, 151
地域貢献……………………………………82
地域主義（localisation）……………28, 161
　──法（Localism Act）……………29, 30
地産地消………………………73, 76, 82, 83
チャリティ…………………………23, 24, 39
仲介業………………………181, 183, 184, 188, 200
中間的就労………………………………105, 106
追加的資源…………………………13, 17, 19
透明性……………………………………178
特例子会社…………………………………48

な 行

名古屋グッドウィル工場…………………53
ネットワーク……25, 28, 35, 38, 60, 96, 119,
　　149, 160, 161, 163, 168, 172, 174, 175, 178,
　　199
ノーマライゼーション………………49-52

は 行

ハウジング・ファースト………………109
バティック…………………182, 186, 194-197
搬出等事業………137, 140-144, 146, 147, 149
伴走型支援………………………………109
販売促進………………………16, 44, 180, 181
非営利組織………3, 4, 23, 24, 28, 38, 39, 101, 102
貧困者…………………………188, 196, 199
貧困ビジネス…………112, 124, 125, 132, 133
フェアトレード……10, 16, 18, 44, 45, 176, 177,
　　179-182, 184, 188, 193, 197-200
福祉国家………………………………22, 25, 37
福祉的就労…………47, 52, 54-56, 58, 59, 61, 64,
　　65, 75
フリーライダー……………………………6, 7
ブレア政権……………………………22, 25
プレミアム価格………………184, 197, 200
プロセス重視……………………………188
ヘイトスピーチ…………………………156, 172
ベンチャービジネス………………………17
法定雇用率………………………48, 60, 64
ホームレス………107-116, 118, 119, 121, 123-
　　125, 127-129, 132, 133
ボランタリー組織……22, 23, 25, 26, 29, 31,
　　35-37, 39

ま 行

マイクロクレジット…………45, 176, 195, 197
マーケティング……6, 9, 44, 102, 176-178,
　　180, 181, 187, 188, 190, 192, 195-197
「まちの学校」……………………………156
マネタイズ………………………………141
ミットサムラン……………87, 89-98, 100, 103
民営化………………………………………28
問題対応型事業……5, 11-13, 19, 102-104,
　　128, 203

や 行

有償ボランティア……105, 138, 140, 143, 146,
　　148
優先調達………………………………60, 62
ゆたか福祉会…………………………52, 53
ユヌス，ムハマド…………………………2

ら 行

リサイクルショップ……18, 137-142, 144-150
歴史学習………156, 159, 163-165, 167, 169, 170
労働統合……………………………………27
　──型社会的企業……………32, 64, 105
ロールモデル……………………………199

わ 行

若者………2, 22, 70, 88-93, 98-101, 103, 105,
　　106, 192, 194
　──支援………………………………31, 105
ワークフェア………………………………55
割当雇用制度………………………………48
ワンコインサービス事業……138, 143, 146,
　　148, 151

欧 文

NGO………9, 18, 87, 96, 98, 99, 102, 155, 156,
　　159-163, 166-172, 177-179, 195, 199

索　引

NPO……4, 18, 23, 54, 56, 64, 69, 80, 116, 129, 132, 143-145, 147, 148, 154, 160, 162, 168, 177, 204, 205

SIB　→ソーシャル・インパクト・ボンド
win-winの関係……………………………170

監修者紹介

牧里毎治（まきさとつねじ）（関西学院大学人間福祉学部教授）

執筆者紹介（所属，執筆分担，執筆順，＊は編者）

＊川村暁雄（かわむらあきお）（関西学院大学人間福祉学部教授，第1章，第5章，コラム1・5）

遠藤知子（えんどうちかこ）（大阪大学大学院人間科学研究科講師，第2章）

＊川本健太郎（かわもとけんたろう）（敬和学園大学人文学部専任講師，第3章）

橋川健祐（はしかわけんすけ）（関西学院大学人間福祉学部実習助手，第4章）

白波瀬達也（しらはせたつや）（関西学院大学社会学部准教授，第6章）

＊柴田学（しばたまなぶ）（金城学院大学人間科学部専任講師，第7章）

木下麗子（きのしたれいこ）（関西学院大学人間福祉学部実習助手，第8章）

＊武田丈（たけだじょう）（関西学院大学人間福祉学部教授，第9章）

武津美菜子（たけつみなこ）（関西学院大学人間福祉学部実習助手，第9章）

竹内友章（たけうちともあき）（関西学院大学人間福祉学部実習助手，コラム2・3）

藤田孝典（ふじたたかのり）（ほっとプラス代表理事，コラム4）

川上未来（かわかみみく）（元・関西学院大学人間福祉学部実習助手，コラム6）

これからの社会的企業に求められるものは何か
——カリスマからパートナーシップへ——

2015年4月20日　初版第1刷発行　　〈検印省略〉

定価はカバーに
表示しています

編著者	川村　暁雄 川本　健太郎 柴田　　学 武田　　丈
発行者	杉田　啓三
印刷者	江戸　宏介

発行所　株式会社　ミネルヴァ書房
607-8494 京都市山科区日ノ岡堤谷町1
電話代表 075-581-5191
振替口座 01020-0-8076

© 川村・川本・柴田・武田ほか，2015　　共同印刷工業・清水製本
ISBN978-4-623-07237-8
Printed in Japan

社会起業入門

神野直彦・牧里毎治 編著
四六判／312頁／本体3200円

人が集まるボランティア組織をどうつくるのか

長沼　豊 著
A5判／228頁／本体2800円

孤独死を防ぐ

中沢卓実・結城康博 編著
四六判／258頁／本体1800円

ソーシャルデザインで社会的孤立を防ぐ

藤本健太郎 編著
A5判／272頁／本体3200円

ソーシャル・キャピタル「きずな」の科学とは何か

稲葉陽二・大守隆・金光淳・近藤克則ほか 著
四六判／264頁／本体2800円

———— ミネルヴァ書房 ————
http://www.minervashobo.co.jp/